心理学の世界　基礎編　7

社会心理学

人と社会との相互作用の探求

堀毛一也・竹村和久・小川一美 共著

培風館

「心理学の世界」へのご案内

このシリーズ35巻は，現代人の心理学に対するさまざまな期待や要望に，できるだけきめ細かく，適切に応えようとして企画されたものです。

現代の社会は複雑かつ急速に変化するようになり，いわゆるバーチャル空間の影響も加わって，人心のあり方がこれまでになく多様化し，相互理解が難しくなってきています。予想もしなかったような事故や犯罪が続発するようになって，誰もが人間の心のはたらき方に，疑問や関心を抱かざるをえなくなってきた感があります。

一方，そうした疑問・関心になんらかの答えを用意すべき心理学はというと，過去1世紀のあいだに多様な領域に分化して発展しており，その成果を適切なバランスで把握することが，非常に難しくなっています。関心を抱く人々の側の要求も予備知識も多様であることを考え合わせ，このシリーズでは，ねらいの異なる3つのグループに区分けして，編集することにしました。

第1のグループは「教養編」5巻です。これは心理学というのはどんな学問か，とにかく気楽に，楽しく勉強してみたいと考えている読者を対象に，心理学の興味深い側面を紹介して，より組織的な学習への橋渡しをしようとするグループです。

1. 心理学の切り口　　森正義彦 編著／藤永 保・海保博之・松原達哉・織田正美・繁桝算男 著
2. 認知と学習の心理学　　海保博之 著
3. 発達と教育の心理学　　麻生 武 著
4. 人間関係の心理学　　齊藤 勇 著
5. パーソナリティと臨床の心理学　　杉浦義典・丹野義彦 著

第2のグループは「基礎編」12巻です。これは学部レベルで開講される各種心理学の講義の受講者，心理学関係の資格試験を受験しようとする学習者を対象に，各分野の代表的な理論的・経験的研究を適度の詳しさで解説するグループです。心理学の標準的な領域・知識を網羅し，各種心理学試験の受験に必要となる大学学部レベルの基礎学力を養成することを，主目標としています。

1. **心理学研究法**　森正義彦・篠原弘章 著
2. **学習心理学**　森 敏昭・岡 直樹・中條和光 著
3. **認知心理学**　太田信夫・邑本俊亮・永井淳一 著
4. **知覚心理学**　佐藤隆夫 著
5. **発達心理学**　無藤 隆・若本純子・小保方晶子 著
6. **教育心理学**　新井邦二郎・濱口佳和・佐藤 純 著
7. **社会心理学**　堀毛一也・竹村和久・小川一美 著
8. **臨床心理学**　鑪 幹八郎・川畑直人 著
9. **パーソナリティ心理学**　杉山憲司・松田英子 著
10. **組織心理学**　古川久敬 著
11. **感情心理学**　今田純雄・中村 真・古満伊里 著
12. **生理心理学**　堀 忠雄 著

第3のグループは「専門編」18巻です。これは基礎知識を習得した上で，より専門的知識を深めようとする心理学専攻の学部学生や大学院生，ひととおりの予備知識を背景に，興味を抱いた分野のより高度な知識を得ようとする一般読者を対象に，最新の研究成果や特化したテーマについての詳細な知識を紹介するシリーズです。

1. **健康心理学**　織田正美・津田 彰・橋本 空 著
2. **老年心理学**　原 千恵子・中島智子 著
3. **カウンセリング心理学**　松原達哉·松原由枝·宮崎圭子 著
4. **犯罪心理学**　大渕憲一 著
5. **ジェンダーの心理学**　鈴木淳子・柏木惠子 著

6. **産業心理学**　宮城まり子 著
7. **リスクの心理学**　土田昭司・中村隆宏・元吉忠寛 著
8. **スポーツ心理学**　中込四郎・山本裕二・伊藤豊彦 著
9. **文化心理学**　増田貴彦・山岸俊男 著
10. **進化心理学**　平石 界 著
11. **経済心理学**　竹村和久 著
12. **法と倫理の心理学**　仲 真紀子 著
13. **アセスメントの心理学**　橋本忠行・佐々木玲仁・島田 修 著
14. **計量心理学**　岡本安晴 著
15. **心理統計学**　繁桝算男・大森拓哉・橋本貴充 著
16. **数理心理学**　吉野諒三・千野直仁・山岸侯彦 著
17. **神経心理学**　河内十郎 著
18. **遺伝と環境の心理学**　安藤寿康 著

現在，日本の心理学界では，心理学関係の各種資格制度をより信頼性の高いものに改変しようと検討を重ねています。このような折，本シリーズは，

① これまでの心理学研究の主要な成果をまとめること
② 心理学という視点からいまという時代をとらえること
③ 時代の要請や問題に応え，未来に向けての示唆・指針を提供すること

をめざすものです。

これらの目標を「質とまとまりのよさ」という点からも満足できる水準で達成するために，各分野で定評のある代表的な研究者に執筆を依頼するとともに，各書目ごとの執筆者数をできるだけ抑える方針を採用しました。さらに，監修者会議を頻繁に開き，各巻の執筆者とのコミュニケーションを密にして，シリーズ全体としてのバランスと統合性にも配慮しました。

この心理学書シリーズが，より多くの読者に親しまれ，関心と期待に応える形で結晶することを，心から願っております。また，このシリーズの企画実現に機会をくださった，培風館の山本 格社長をはじめ同社編集部のみなさん，なかんずく企画から編集・校正など出版に至る過程の実質的なプロモーターとしてご尽力くださった小林弘昌氏に，紙面を借りて厚く御礼申し上げます。

監修者
森正 義彦　　松原 達哉
織田 正美　　繁桝 算男

はじめに

社会心理学は，今でこそ，研究領域としての重要性が認められ，代表的な学会である「日本社会心理学会」の会員数も 2000 人近くに達している。けれども，筆者の恩師の昔話によれば，師が大学院の頃は実験心理学が中心で，社会心理学はマイナーな領域とされ，心理学者の中でも，なぜそんな学問をと問われることが珍しくなかったそうだ。筆者が院生の頃でも，社会心理学会は(失礼ながら)比較的ゆるい学会で，いろいろとゴタゴタも多かったような印象が残っている。筆者の後輩には，大学院に行くと家族に話をしたところ，お祖母さまから「よい坊主になれ」といわれたとのエピソードの持ち主がおり(今では名前を挙げれば誰でも知っている大先生だが)，大学院に行くということ自体，今とは異なる価値付けのなされていた時代であったようにも思われる。そうした中，若手研究者を中心とした「対人行動研究会」が設立され，活発な論議や研究・出版活動が続けられたことが，その中で育てられたという思いの強い筆者にとっては懐かしい想い出であるとともに，社会心理学の発展に大きく貢献し，研究会の解散後も，社会心理学の発展に寄与してきたことは事実であろう。現在の社会心理学者による国際的な活躍や，若手研究者の躍動する学会の盛況ぶりは，当時を知る者としては隔世の感がある。その一方で，「社会心理学の危機」で指摘された問題点は，克服されないままに推移してきたような印象が強いし，グランド・セオリーの欠如も相変わらず指摘され続けている。また，現代社会の抱える諸問題に解決の道筋をつける学問たり得るかと問えば，否定的な見解をもつ方々も多かろう。こうした諸課題については，本書を手に取る若い世代の学究の活躍に期待したい。

本書は，「心理学の世界」シリーズの基礎編第７巻として企画された。当初は，社会心理学会の中核として活躍されてきた，援助行動研究で著名な高木修先生，非言語行動研究で著名な大坊郁夫先生との共著となる予定であったが，それぞれご定年などのご事情により執筆を辞退され，その後を，当該領域の現在の代表的な研究者である竹村和久氏，小川一美氏とともに務めさせていただくことになった(筆者を含めて kazu トリオ：by 小川先生)。Big 2 がお持ちの知識の広さには及ぶべくもないが，その薫陶を受けつつ，精一杯努力した成果としてご一読いただければ幸いである。

本書の基本的な編集方針は，「基礎編」の中の１巻ということで，専門的な話や新しい研究成果よりも，読者が興味をもって読めるようなレベルとして，基本的な知識を網羅することを心がけた。教養課程や学部レベルの講義で使いやすいような章立て・内容として執筆したつもりである。筆者に限って言えば，当初の担当章である「自己」の章の原稿を書き上げたのは数年前のことであったが，出版に至るまでの研究動向の変化を踏まえて記載の修正ができたことにより，基礎知識として価値のある事項をあらためて整理できたように思う。もちろん他の二名の先生方の担当章は，最新の研究成果をふんだんに取り入れて執筆されていることは言うまでもない。筆者の担当章でも，今後重要な意味をもつと考えられるものについては，積極的に取り入れて紹介を行ったつもりである。

最後になったが，培風館の近藤妙子氏，退職された小林弘昌氏には，本当にご迷惑をおかけした。とりわけ近藤さんには，なかなか筆の進まない我々に粘り強く励ましの言葉を頂戴し，長い年月にわたりおつきあいいただき，こうして形にしていただいたことに心から御礼申し上げる次第である。本当にお世話になりました。ありがとうございました。

平成29年の正月に

筆者を代表して

堀毛 一也

目　次

5章 対人コミュニケーション 89

6章 向社会的行動と反社会的行動 113

7章 態度と社会的影響 143

8章 集 団 169

1章

社会心理学の基本的立場

社会心理学研究の歴史と基本的な考え方

◀キーワード▶
社会心理学，社会心理学の定義，社会心理学の歴史，社会心理学の理論と研究方法，統合的な視点

社会心理学とは何か，それはどのような歴史的背景の中で成立し，どのような研究領域として位置づけられてきただろうか。本章ではこういった問題を主に，社会心理学という学問の特色や中心となる理論的な考え方，研究方法などについて論じ，最後にまとめとして統合的な視点構築の方向性に関する論議を紹介する。

1-1 社会心理学の定義と歴史

(1) 社会心理学の定義

社会心理学とはどのような学問として位置づけられてきたのだろうか。オールポート(Allport, G. W., 1954)は，社会心理学を「個人の思考・感情・行動が，他者が実際に存在したり，存在すると想像すること，あるいは暗黙の存在によって，どのように影響されるかを理解したり説明するための学問」と定義づけた。この定義は，多くの社会心理学のテキストで引用されているが，個人が社会によって影響を受けるという側面を重視し，個人が社会に影響を与えるという側面に言及されていないとする批判もある(細江他, 1990)。これに対し，大橋(2002)は，「一方で社会的環境によって統制され，影響され，制約されるものとしての人の行動と，他方では個々の人の行動が社会構造にどのように反映し，また社会構造の形成の過程に影響するか解明する学問」とするシカゴ学派の社会学者の一人であるリンドスミスら(Lindsmith et al., 1968)による定義を対比させ，社会心理学という学問が個人と社会・文化を同時過程的に理解することの重要性を論じている。ここで強調されるのは，「どのような理論的視点に立ち，どのようなデータを収集し解析しようとも，社会心理学の研究である限りは,最終的にパーソナリティ要因(自己,動機,態度など)，社会的要因(相互作用，対人関係，集団など)，文化的要因(価値基準，行動規範，生活文化など)の三者の関連が考慮されていなければならない」(大橋, 2002)ということである。しかし，現実に行われている社会心理学的研究の多くは，この三要因のいずれかに焦点づけられ，他の要因との関連が十分に検討されていない場合が多い。こうした動向をもたらした理由を考えるには，社会心理学の発展の歴史を概観することがその一助となろう。

(2) 社会心理学の創設

社会心理学という学問領域が成立したのは，おおむね20世紀の初め頃とされている。とりわけ,「社会心理学」という表題を含んだ

2冊のテキストが出版された1908年を，社会心理学が創始された年とみなす記述が多い(Allport, 1954)。テキストの出版をもって，学問的な領域的自覚が成立したと判断する考え方がその基盤にある。この内の1冊はイギリスの心理学者マクドゥーガル(McDugall, 1908)による『社会心理学概論』で，本能や感情，道徳的行為，性格の構造などをその内容としていた。一方，アメリカの社会学者ロス(Ross, 1908)の著作は『社会心理学』と名づけられており，流行や群衆心理など社会学的に研究されてきた現象の説明を内容としていた。こうした相違が,「心理学的社会心理学」と「社会学的社会心理学」の区別を生み，本来統合的・同時過程的に考えるべき説明を偏らせていったと考えられる。

ただし実際には，社会心理学の創設はそれ以前の時代に遡るとする主張も多い。たとえば,「社会心理学」という用語がはじめて用いられたのは1864年のことであるとする指摘もある(Jahoda, 2007)。また，安倍(1956)は，1860年代に創設されたドイツの研究者シュタインタールとラザラス(Steinthal & Lazarus)による民族心理学研究を社会心理学のルーツと指摘しているし，フランスのタルド(Tarde, 1890)による模倣の研究や，ルボン(Lebon, 1895)による群衆心理学をルーツとする考え方もある。さらに，ホッグとヴォーガン(Hogg & Vaughan, 2002)は，フランスやイタリアではすでに1900年代の初めに「社会心理学」と銘打ったテキストが出版されていることを指摘している(Orano, 1901; Bunge, 1903)。そればかりか，日本でもすでに1906年に，徳谷豊之助により『社会心理学』というタイトルをもつ著作が刊行されている(安倍, 1956)。そうした意味で言えば，1908年をルーツとする考え方は，主として英語圏の文化による理解であり，実際にはドイツ，フランス，イタリア，アメリカなど多様な国々の学問的伝統を引き継ぎながら,「社会心理学」という学問が創設され,その中では,心理学と社会学の境界領域的な視点が強調されていたと考えられる。

一方で,その後の社会心理学の展開を方向づけたのが,オールポート(Allport, F. H., 1924)の『社会心理学』であるということは,多くの研究者の支持する見解となっている。この中で,オールポート,F. は,マクドゥーガル(1920)が提唱した,集団には個々の成員の心理には還元できない**集団心**(group mind)が存在するという考え方を**集団誤謬**(group fallacy)として否定し,集団は個人の集合体に過ぎず,個人心理学に属さない集団心理学は存在しないと主張した。この主張が多くの社会心理学者により支持されることにより,「社会心理学」は「心理学的社会心理学」としての立場を強めていった。またオールポート,F. は,当時の一般心理学の潮流でもあった行動主義的な実験心理学の影響を受け,社会心理学の研究手法として実験的手法を重視し,**社会的促進**(social facilitation)研究を中心に,実証的な研究を展開していった。「社会的促進」とは,他者の存在が行動に促進的な影響をもたらす現象を指す。この現象は,最初の社会心理学実験として知られるトリプレット(Triplett, 1898)の研究で扱われたテーマでもあった。トリプレットは,自転車競技で競技者のタイムが一人で走るときよりも集団で競争するときのほうが良いものとなることに関心をもち,そこから,子どもたちを被験者に釣り竿のリールの巻き取り作業を単独条件とペアで行わせる実験を行った。結果には個人差があったが,競争条件でよい遂行を行った子どもは,競争的な本能を活性化させ,行為を促進させたとする解釈を示し,社会的促進現象としてその後多くの研究を行わせるきっかけとなった。

一方で，同時代に社会学的視点を重視しつつ行われた研究としては，シカゴ学派の社会学者トーマス(Thomas, W. I.)が，ポーランドのズナニエツキ(Znaniecki, F.)とともにまとめた『ヨーロッパとアメリカにおけるポーランド農民』(1918-1920)という移民研究が著名である。この研究は，分割統治により生活の維持が困難になり，アメリカに移住したポーランド農民が，これまでの「態度」や「価値」をどのように変遷させていったか，新聞や手紙などのドキュメントを用いて分析したもので，社会心理学を「文化の主観的側面についての一般科学」とみなし，態度や価値といった概念に関する科学的研究を社会心理学の中核として位置づけたという点で，後に大きな影響を与えた研究として知られている(大橋, 2002)。

(3) 第二次世界大戦前後の社会心理学

1930年代に入ると，社会心理学研究の主体は，ヨーロッパからアメリカに移行した。30年代までのアメリカでの社会心理学の発展の様相は，カープ(Karph, 1932)に詳しいが，それが大きく開花した主たる理由は，ファシズムの台頭により，主要な研究者がヨーロッパからアメリカに移住したことにあるとされている。アメリカには，学問の自由の伝統，プラグマティズムの精神，デモクラシーの原理など，社会心理学が開花するのにふさわしい精神的土壌があった(Allport, G. W., 1954)。そうした中で，研究の関心は次第に集団研究へと移行し，シェリフ(Sherif, 1936)による自動運動を用いた著名な同調・規範生成研究などが行われた。さらにドイツから移住したレヴィン(Lewin, K.)は，コーネル大学，アイオワ大学などで教鞭を執り，グループ・ダイナミックス(集団力学)と呼ばれる理念に基づく一連の研究を遂行し，「実験社会心理学の父」と呼ばれる存在になっていった。

またこの時代には，後の社会心理学研究に多大な影響を与えた研究動向が数多く存在することも指摘されている（Hogg & Vaughan, 2002; Kruglanski & Strobe, 2012）。たとえば，シカゴ学派では，哲学部に所属していたミード（Mead, G.）により自我論が展開され，後の**象徴的相互作用論**（symbolic interactionism）の基盤となるとともに，社会心理学における自己研究の基盤となる考え方が提唱された（2章参照）。態度研究では，ボガーダスの社会的距離尺度（Bogardus, 1925），サーストンの等現間隔法（Thurstone, 1928），リッカートの評定加算法（Likert, 1932）など，態度を計量的に測定する手法が次々と提案された。また，産業心理学研究として著名な**ホーソン研究**（1924～1932）が行われたり，モレノ（Moreno, 1934）によりサイコドラマやソシオメトリック・テストが考案されたのもこの時期であった。1935 年にはマーチソン（Murchison, 1935）により最初の『社会心理学ハンドブック』が出版され，教科書等の出版も相次いだ。この本の内容は，今日の社会心理学の関心とかなり異なるものだったが（Kruglanski & Strobe, 2012），ヤスパースとフレーザー（Jaspars & Frazer, 1984）は，そこに収載されたオールポート, G.（1935）の社会的態度の論文が，アメリカ社会心理学がより一層個人心理学化を強め，応用的になっていった転換点であると指摘している。

第二次世界大戦を経て，戦勝国であるアメリカでは，民主主義のプロパガンダという意味も含め，実験的・応用的な社会心理学研究がさらに隆盛を迎えた。その中心になったのは，レヴィンによりMIT に開設され，その早逝（1947）後，1948 年にミシガン大学に移設されたグループ・ダイナミックス研究室である。ここでは，ドイッチェ（Deutch, M.），フェスティンガー（Festinger, L.），ケリー（Kelley,

H. H.），ラザースフェルド（Lazarsfeld, P. F.），シャクター（Schacter, S.），チボー（Thibaut, J. W.）など，後のアメリカ社会心理学を担う錚々たるメンバーにより，数多くの小集団研究が行われた。その成果は，『グループ・ダイナミックス：研究と理論』（Cartwright & Zander, 1954/1960）にまとめられている。

一方，イェール大学では，ホヴランド（Hovland, C. I.）を中心にコミュニケーションや態度変容研究が展開され，若手の研究者の関心を引きつけていった。また，アッシュやハイダーなど，ドイツでゲシュタルト心理学の影響を受けた研究者たちも，移住後のアメリカで，独創的な研究を展開し，社会心理学の発展に貢献した。またドイツ人社会学者のアドルノ（Adorno, 1950）らも，ファシズムが拡大した基盤にある反ユダヤ的心性を面接法により分析するなかで，それを支持する人々の**権威主義的パーソナリティ**を見出し，測定尺度としてファシズム尺度（F スケール）を考案した。この研究は，社会心理学者がパーソナリティ要因の重要性を認めるきっかけになったとする指摘もある（Taylor, 1998）。また，こうした「社会的性格」に関する考え方は，社会学的視点からの社会心理的アプローチとして知られる「社会意識論」の考え方にも影響を与えていった。これらの研究を含め，自己，対人認知，対人魅力，社会的影響，援助，攻撃など，現代の社会心理学研究の内容として紹介される研究領域の大半は，50 年代から 60 年代にかけてアメリカで行われた研究を基盤としているといっても過言ではなかろう。リンゼイら（Lindzey et al., 1954, 1968）により新たに編集された『社会心理学ハンドブック』は，当時の研究内容を包括的にカバーし，さまざまな研究の指針となった。

(4) 社会心理学の危機とその後の発展

1950年代から70年代にかけて，社会心理学ではさまざまな研究が行われ，理論的立場も整備されていった(1-2節参照)。とりわけ，60年代の**認知革命**は，心理学全体の流れを，行動主義から認知主義に移行させ，社会心理学でも認知的整合性理論や帰属理論に代表されるような個人の認知や情報処理プロセスを重視する説明に基づく心理学的社会心理学研究が主流となっていった。一方，社会的領域でも，パーソンズ(Persons, 1951)の「社会体系論」やマートン(Merton, 1949)の「中範囲の理論」が提唱され，社会心理学とも関連の深い考え方として注目を集めたが，社会心理学としての成果には乏しいままに推移した。

一方で，こうした心理学的社会心理学研究が進展するにつれ，研究内容と研究方法，あるいは基礎研究と応用が乖離しているとする指摘がなされるようになった。たとえば，リング(Ring, K., 1967)は，「レヴィンは，人間行動に関しての科学的理解と，それを通じての人類の幸福の推進を社会心理学者の責務としたが，実際には前者にのみウェートが置かれており，しかもそうした研究は社会的意味に乏しい」と指摘した(三井, 1986)。こうした批判に端を発し，70年代になると**社会心理学の危機**(crisis in social psychology)と呼ばれる論争が巻き起こった。ホッグら(Hogg & Vaughan, 2002)は，その原因を過度の還元主義と，過度の楽観主義にあったと指摘している。過度の還元主義とは，社会行動の説明が個人心理学的用語により説明されすぎており，本質的な社会的性質が見過ごされていることを意味する。また，過度の楽観主義とは，真の知識に到達するための科学的研究手法が，あまりにも無批判に受け入れられているとする指摘である。前者は，「社会心理学にとって社会とは何かが問題にされてこなかった」(Carlson, 1984)という批判，後者は，これまでの社会心理学的研究の成果は「些末実証主義」に基づいて，限定された課題について，不自然な状況で，大学生を対象にした研究の成果にすぎないとする批判や，要求特性や実験者効果の影響を受けやすく，限られた変数しか扱えない実験という手法で，どこまで社会的行動が理解できるのか，という批判につながった。こうした批判は，人間の全体的理解，言語による心的世界形成の重視，関係性を原点とする人間行為の説明などを特色とする**社会構成主義**(social construcitonism, Gergen, 1973, 1982)に代表される「もうひとつの社会心理学」を生みだした。研究方法としても，会話分析などの質的研究法が重視されるようになり，フィールド研究や参与型研究の重要性があらためて見直されるようになった。これと前後して，社会学領域でも，ブルーマー(Blumer, 1969)による象徴的相互作用論の発展に加え，ゴフマン(Goffman, 1959)のドゥラマトゥルギー(演劇論的アプローチ)やガーフィンケル(Garfinkel, 1967)のエスノメソドロジーなど，社会的行動に関する新しい考え方や研究方法が提唱された。本邦でも見田(1965)らによる社会意識論の考え方や研究成果は，社会学者を中心に多くの研究者を魅了した。

けれども，これらのアプローチに関心をもち，研究に取り込んで実践に結びつけようとした社会心理学者は少数にとどまった。特に構成主義的アプローチに対してはやや急進的とする批判もあり，社会心理学的研究の主流としては，危機による反省をふまえつつ，実験法を中心とした個人心理学的アプローチが相変わらず継続されていった。1980 年代以降，その中核となっていったのが，**社会的認知**(social cognition)研究で，認知心理学を援用した厳密な研究手法を用いて，より広範な事象の理解につなげようとする試みが行われるようになった(Fiske & Taylor, 1984)。また，ヨーロッパでも社会心理学が復権し，マイノリティ・インフルエンス研究(Moscovici et al., 1969)を嚆矢に，社会的アイデンティティ理論(Tajifel, 1974)など，集団研究に新たな視点を開く研究が展開されていった。さらに，マーカスと北山(Markus & Kitayama, 1991)の文化的自己解釈に関する論考が発表されて以来，アジアなど欧米諸国以外でも，西欧人を中心とした研究成果が，そのまま他の国々にあてまるわけではないとする批判のもと，2001 年に創設されたアジア社会心理学会などを中心に，文化心理学的研究が盛んに行われ成果をあげるようになった。さらに 1990 年代に提唱された進化心理学の視点を取り込んだ説明(Barkow et al., 1992)も多くの研究者の関心を喚起し，文化心理学とのコラボレーションも含め，興味深い研究を排出している。これらの具体的な研究成果は，本書の各章で紹介されている。一方で，社会学や社会心理学的社会心理学との関係は，一部に接近しようとする試みはみられるものの，未だ連携の動きは少ないままに推移している。

1-2
社会心理学研究の基本的立場

(1) 社会心理学の理論

前節で論じた歴史的展開の中で，社会心理学に特有な人間行動の説明のしかたも，理論あるいはモデルという名称のもとに，さまざまな形で論じられてきた。たとえば，ドイッチとクラウス(Deutsch & Krauss, 1965)による『社会心理学の理論』では，当時の代表的な立場として，①ゲシュタルト心理学，②場理論，③強化理論，④精神分析理論，⑤役割理論の5つが取り上げられている。ほぼ15年後に出版された，ショウとコンスタンゾー（Shaw & Constnzo, 1982）の同名の著作では，この分類をほぼ踏襲しながら，認知主義へのシフトの影響を受け，ゲシュタルト理論の説明が，「認知（志向）理論」として扱われるようになり，社会心理学理論の中核のひとつとして解説がなされている。具体的には，バランス理論，ABX理論，適合性理論，認知的不協和理論，帰属理論，社会的比較理論などの諸理論がその代表として取り上げられている。いずれの理論でも，外部にある刺激の捉え方を「認知」とみなし，それに基づく「意味づけ」や「解釈」によって，表出される「行動」が説明されるとする基本的な考え方をもつ。「場理論」もゲシュタルト心理学と密接な関連をもつ考え方として位置づけられており，提唱者であるレヴィン（1951）の考え方を基盤に，行動を人と状況の相互作用としての場（field）あるいは生活空間（life space）として全体的／力動的にとらえようとする志向を意味する。ショウらの著作では，ハイダー（Heider, 1958）の対人関係論や，アルトマンとテイラー（Altman & Taylor, 1973）による社会的浸透理論などがその代表として取り上げられている。「強化（志向）理論」とは，報酬／罰による強化，条件づけ，学習，動因などを行動の説明因とする古典的学習理論や，観察，模倣，内発的動機づけなどを行動の説明因とする社会的学習／認知理論を背景とするもので，社会心理学に関連する代表的な考え方としては，社会的交換理論や相互依存性理論，公平理論などが紹介されている。「役割理論」とは，日常生活における相互作用の中で，個々人が受け持つ役割（role）を基盤に人間行動を説明しようとする立場とされる。役割とは，ある人物が特定の社会的文脈のなかで，特定の性格描写をする（立場をとる）ときに遂行する機能を意味する。役割は個人が占める地位(position)と密接な結びつきをもつ。人は他者から地位に相応しい行動を示すはずという役割期待を受け，それにしたがって役割行動を行う。役割行動の遂行のためには，自他の関係や地位に関する役割認知を明確にもつことが必要になるが，とるべき複数の役割や役割行動の間に矛盾があると役割葛藤が生じ心理的な問題を引き起こすこともある。社会心理学的に重要な意味をもつ役割理論的考え方としては，自己呈示理論や印象管理理論，自己モニタリング理論などがある。ショウらの著作では，この他にも，特殊的理論として集団過程理論(親和葛藤理論など)や単一原理に基づく理論(成功恐怖理論など)が紹介されているが，ドイッチらの紹介にある，精神分析理論の扱いはみられない。

ドイッチらや，ショウらが取り上げた理論的立場は，おそらくほとんどの心理学者／社会心理学者が，講義や研究のなかで，基本的理論として，何らかの形で言及する立場であろうと思われる。一方で，最近の社会心理学研究の発展は，きわめて多数の「理論」的立場を生み出した。たとえば，ショウらの著作から30年を経て，最近出版された，バン・ラングら(Van Lange et al., 2012)による『ハンドブック社会心理学の理論』では，生物・進化的分析レベル(進化理論など3章)，認知的分析レベル(社会的認知理論など14章)，動機・感情的分析レベル(認知的不協和理論など14章)，対人的分析レベル(相互依存理論など8章)，集団・文化的分析レベル(社会的アイデンティティ理論など12章)として，都合51の理論的立場が紹介されている。バン・ラングらは，「理論」を特定／一連の現象に関連する相互に関連づけられた一連の前提(原理)として定義したうえで，「よい理論」の特徴として以下の4点を指摘している。①真実(truth)を扱っていること，②一般的な概念や原理によって記述されるべき特定の現象や事象を抽象化(abstraction)した結果であること，③必要に応じて進展(progress)し変容すること，④さまざまな現実世界の事象への適用可能性(appricablity)が高いこと。バン・ラングらは，これら 4 つの側面を理論評価の基準(standards)とすべきであると主張し，TAPAS と命名している。TAPAS は，理論ばかりでなく，心理学的な研究の評価にも使用できる。適切な実験や概念的展望がなされているか(真実)，実証的観察を通じて一般化された仮説が扱われているか(抽象化)，重要で新たな知見をもたらすものか(進展)，広範なインパクトをもち，社会的に役立つものか(適用可能性)という評価基準である。もちろん，この著作で取り上げられている 51 の理論のすべてがこの基準を満たすわけではない。またいずれの理論も「中範囲の理論」に留まり，統合的な理論と見なせるものは現段階では存在しないことも事実であろう。

(2) 社会心理学の研究方法

社会心理学で用いられる研究方法は，一般心理学の研究方法とほぼ同一と考えてよい。代表的なものとしては，①実験法，②調査法，③観察法，④面接法，⑤ドキュメント(資料分析)法がある。このうち，**実験法**は，前節でも紹介したように社会心理学研究で古くから用いられてきた手法であり，一般的には，独立変数と従属変数を明確に設定し，独立変数の操作によって従属変数がどのように変化するか，仮説に基づいて検討する方法とされる。通常は操作を加えない統制群を設け，これと何らかの操作を加えた実験群を比較する。結果の分析には分散分析が用いられることが多い。通常は参加者に心理学実験室に来てもらう「実験室実験」を行うが，講義などを利用し集団で行う「教室実験」や，対象者が生活する場面で行う「現場実験」も存在する。社会心理学に特有な実験手続きとしては，**ディセプション**(欺瞞(ぎまん))がある。これは，実験の本来の目的を悟られないために，目的を意図的に偽って行う方法を意味する。著名なものとしては，ミルグラムの服従実験(参加者には「学習における罰の効果を検討」と説明するが，真の目的は「実験者の命令への服従の程度」を検討する)などがある。ディセプションを用いた場合には，必ず実験後に**デブリーフィング**(種明かし)として実験内容の説明を行い，参加者に真の目的を説明する義務がある。こうした「研究目的の説明」とともに，「研究参加の自由」，「辞退・中断による不利益なさの説明」「匿名性の保証」「データの機密保持の保証」などの研究倫理を遵守することは，他の研究技法も含めて研究遂行者の義務である。詳細については，日本心理学会倫理規定(2009)やアメリカ心理学会の倫理綱領(2010)を参照いただきたい。

調査法も一度に大量のデータが収集できるという便利さから，特に学生の卒業研究などでは多用される手法である。実験法が少数の独立・従属変数を設定し因果関係を検討するのに対し，調査法は数多くの変数を用意し，相互の相関関係を検討しながら因果関係の推定に用いられることが多い。したがって，研究手法としては，因子分析のような多変量解析的手法による分析が多用されるが，厳密な意味で因果関係が実証されるわけではないし，変数の選択のしかたにより結論が変化することに注意する必要がある。クロンバック(Cronbach, 1957)は，実験法と相関法の相補性を重視しており，相関法で因果関係を推定し，実験法でそれを検証するといった技法がポピュラーに用いられている。最近では，構造方程式モデリングあるいは共分散構造分析，マルチレベル分析などの手法を用いて，因果関係の推定や結果の解釈を行うことも多い。こうした多変量解析的な分析法は年とともに新たな技法が提案されており，社会心理学の研究者はそうした技法を好んで使用する傾向が強く，社会学や経済学など他の学問との連携も生じつつある。

観察法や面接法は，質的研究の技法として，先に論じたようにその重要性を増している。**観察法**は，対象の行動をそのまま観察する自然観察法と，場面を設定しそこでの行動を観察する実験的観察法に分類され，それぞれにおいて，研究者の存在を明らかにする参与観察法と，一方視鏡などを使用し存在を隠す非参与観察法がある。観察法では，チェックリストやVTR等を利用することにより行動をカテゴリー化し，該当する行動がどの程度みられたかを量化し，その特徴を分析する方法が一般的である。**面接法**は，あらかじめ面接内容を整理した「面接フレーム(枠)」を作成し，それに添って質問順を崩さずに面接を行う構造化面接と，フレームは作成するが質問の順番は面接の流れによって変化させる半構造化面接，基本的に対象の語るままにする非構造化面接に分類される。構造化面接や半構造化面接は社会調査等の調査面接，非構造化面接は臨床場面における相談面接で多用される。ドキュメント分析は，観察法や面接法を用いて得られた資料の他に，マスコミやネットで得られた資料や，会話，日記，手紙などの個人的資料の分析に用いられる手法で，基本的にすべての内容をテキスト化し，コーディングと多変量解析等の分析手法を用いて，テキスト間の関連性の検討を行う。この他，最近は参加者に1日1〜数回携帯電話等で合図を送り，リアルタイムで感情や行動を収集する経験サンプリング法など，新たな研究技法を用いた研究も増加している。

1-3
社会心理学研究の統合的視点

これまで論じてきたように，社会心理学という学問で扱われる課題や理論・研究法はきわめて広範にわたる。最後に，これらを統合する視点についてあらためて考えてみよう。

先に論じたように，社会心理学の基本的課題は，パーソナリティ・社会・文化を有機的・統一的に把握することにより人間性を追求することにあるが(安倍, 1956; 大橋, 2002)，1-1節でも論じたように，課題や変数の幅広さゆえに，対象を包括的に追求し，理解することには甚だ困難を伴う。**図1･1**は，大橋(2005)による課題への接近レベルの相違を示したものだが，これまで行われてきた研究の多くは，この中の一水準のみに着目した結果か，そこで得られた知見をボトム・アップ的，もしくはトップ・ダウン的に他のレベルに適用した結果であり，本書で紹介する内容の大半もその例外ではない。この点に関し，唐沢(2014)は，社会心理学の統合的な説明のためには，「こうした人と社会にかかわる多様な，重層的に存在する変数の

<table>
<tr><th>人の位相の多面性</th><th colspan="3">課題レベル</th></tr>
<tr><td>・集団の一員としての位置</td><td>組織，制度</td><td rowspan="8">社会心理学</td><td rowspan="4">社会学 人類学</td></tr>
<tr><td>・影響関係の体系の一支点</td><td>影響関係の体系の組織</td></tr>
<tr><td>・他者との相互作用</td><td>影響関係の様態</td></tr>
<tr><td>・他者への客観的な影響</td><td>他者への刺激としての人格</td></tr>
<tr><td>・自我意識</td><td>主観的な個人としての意識</td><td rowspan="4">心理学</td></tr>
<tr><td>・心的諸機能の統合体</td><td>心的諸機能を統御する機能主体</td></tr>
<tr><td>・心的諸機能</td><td>痛い，見える，聞こえるなどの意識</td></tr>
<tr><td>・生理的実体</td><td>細胞や神経繊維のレベル</td></tr>
</table>

図1･1　人の位相と課題レベル

出典）大橋(2005)，細江他(1990)を一部改変

関係づけを行うこと」が不可欠であると主張している。

安倍(1956)は，早くから社会心理学的研究に適切な方法として中層接近法の重要性を主張していた。これは，実験的・臨床的な人格寄りの接近法と，歴史学・人類学的な大社会や文化体系寄りの接近法が重なった領域で，両者の知見が正しく結合され得ることの実証を重んじる考え方である。安倍はそうした領域として，地域社会や収容施設をフィールドとし，独自の体系的理解を生み出した。こうした指摘の重要性はよく理解できるが，一方で研究に多大な時間とコストを有することは事実であり，生涯をかけた研究として，その理念を体現した研究は，大橋(1998)の沖縄シャーマニズム研究などきわめて例が少ない。

こうした中で，北山(1997)は，「文化と心の相互構成」という考え方を提唱し，言語や司法・教育制度によって自己評価や動機づけなど「心の形成」が行われるとともに，そうした心のプロセスや構造が文化の維持や変容に寄与するという見解を文化心理学の基盤となる考え方として提唱した。同様に山岸(1998)も，「信頼」をキーワードに，集団主義的な秩序と一般的信頼の関係を明示し，ゲーム理論的な研究手法の有用性を明らかにしてきた。さらに，亀田・村田(2000)は，「個人の行動はその個人だけでは完結せず，周囲に波及的な影響をもたらす。個人の行動が他者にとっての新たな社会環境を作り出し，ひるがえって当の個人の行動に再び影響を与える」という「マイクロ-マクロの相互規程関係」を人間集団のもつもっとも本質的な特徴と指摘し，進化心理学や社会的認知を中心に適応論的アプローチの重要性について論じている。これらの考え方は，統合的観点の構築に向けたアプローチとして重視されるべきであろう。

さらに最近大石らによって提唱されている**社会生態学的アプロー**

チ(socioecological approach)も，統合的理解につながる可能性をもつ重要な立場と考えられる(Oishi & Graham, 2010; 竹村・結城, 2014)。たとえば，Oishi(2014)は，客観的な物理的・社会的環境が，個人の思考や感情，行動に影響を与え，それがまた新たな環境を生み出す過程を描き出すことが重要であると指摘する。具体的には，①社会生態学的指標と認知・感情・行動変数の関連の検討(人口密度→援助の少なさ)，②媒介変数の同定(人口密度→責任の分散／情報の過負荷→援助の少なさ)，③ニッチ形成の検討(情報の過負荷→援助を必要とする人々を対象とする公的機関の創設)，という3つのタイプの研究を同時並行的に進めることが重視されている。こうしたアプローチは，関係流動性等をテーマとする具体的な研究として展開されており(Oishi, 2010; Yuki & Schug, 2012)，社会が個人に与える影響を物理的環境ばかりでなく，対人環境，経済環境，政治環境など幅広い視点から客観的な指標を用いて把握し，そうした環境の認知や解釈のみならず，思考・感情・行動などの心理的傾向性への具体的な影響性を検討するとともに，心理的傾向性によって作り上げられる環境やニッチの再構成をも問題にするという壮大な試みが進められている。ただし現状では，心理的傾向性により環境が再構成されるという側面に関する実証的論考は，これまでと同様時間と労力を必要とし，成果があがっていないように思われる。村本(2014)は，同様の指摘のもとに，こうした問題を乗り越える手立ての一つとしてフィールド研究を重視している。いずれにせよ，ここで論じた文化と心の相互構成や，マイクロ-マクロ・アプローチ，社会生態学的アプローチ等の見方は，社会心理学における統合的なアプローチを築きあげていく可能性をもつ考え方として今後の進展が期待されよう。

まとめ

- ❏ 社会心理学の基本的課題は，個人と社会・文化の相互的影響関係を同時並行的に理解することにある。
- ❏ 社会心理学の基本的立場を理解するためには，歴史的展開を知ることが不可欠である。
- ❏ 社会心理学的研究を遂行するにあたっては，多様な理論的立場と研究手法を理解する必要がある。
- ❏ 社会心理学には，グランド・セオリーや統合的な視点が欠けているとされるが，その構築に向けた努力は積み重ねられている。

より進んだ学習のための読書案内

安藤清志・沼崎　誠・村田光二(2009).『新版　社会心理学研究入門』東京大学出版会

☞社会心理学の研究方法について，論理や仮説の立て方から始め，測定に関する基本的問題，実験法や調査法の進め方，論文の作成のしかたなど丁寧に解説した好著。社会心理学的な研究を進める際に，さまざまな段階で参考となろう。

Kruglanski, A. W., & Strobe, W. (2012). *Handbook of the History of Social Psychology*. Psychology Press.

☞社会心理学の歴史について系統的に論じた著作は，本邦ではきわめて少ない。本書は導入(第1部)，アプローチ(第2部)，研究領域(第3部)に分け，合計23章からなる500ページを越える概説書であり，さまざまな領域で行われてきた研究の歴史的背景を理解することのできる好著である。

課題・問題

1. 社会心理学の理論的立場とそれらが発展してきた歴史的背景について年代別に整理した図表を作成し理解を深めよう。
2. 第二次世界大戦が社会心理学の発展にどのような影響を及ぼしたか，箇条書きにより整理してみよう。
3. ヨーロッパなどアメリカ以外の国々での社会心理学研究の特徴や現状について調べてみよう。

2章

社会的自己

自己研究の諸相

◖キーワード◗
自己，自己研究の歴史，自己過程，自己概念，自己評価，自己表現，自己呈示，自己開示，自己の実行機能，自己制御

本章では，今日の社会心理学研究における中心的なテーマのひとつである「自己」研究に焦点を絞り，自己過程の4段階(中村, 1990)に添って解説を行う。自己に関する研究の数は，近年著しい増加が見られる。本章では，自己研究の歴史的な発展の様相について概観したうえで，自己注目，自己把握，自己評価，自己表現という4つの過程が有するそれぞれの特徴について詳述する。また後半では，最近特に注目を集めている自己の実行機能や，自己制御という問題について解説する。

2-1 「自己」把握の多様性

(1) 自己に関する視点の多様性

自己(self)研究は，近年の社会心理学の中で，もっとも注目を集めている研究領域とみなすことができる。たとえば，アメリカ心理学会による心理学文献に関するデータベース(PsycINFO)で検索すると，2011 年から 2015 年の間だけで約 13 万 7 千件，表題に含むものに絞っても 2 万 6 千件に達する。同時期の「パーソナリティ」をキーワードとする検索結果と比較すると，全件数(field)では約 2 倍，表題数(title)では約 3 倍の件数がある。1951 年から 1955 年の段階では，自己研究はパーソナリティ研究の 3 割程度しかなく，表題数では 1970 年前後に，全件数では 1995 年頃に逆転が生じており，2000 年以降の急速な増加が示されている(表 2･1，図 2･1 参照)。

また,「自己」という概念のもとに研究されているトピックスもきわめて多岐にわたる(参考：安藤・押見, 1998 の巻末のリスト，Leary & Tangney, 2003, p.12)。これらの研究成果は，互いに内容的にオーバーラップしており，分類枠を構築することすら困難な作業

表 2･1 「自己」と「パーソナリティ」に関する PsycINFO の分析結果

年代	1951～1955	1956～1960	1961～1965	1966～1970	1971～1975	1976～1980	1981～1985	1986～1990	1991～1995	1996～2000	2001～2005	2006～2010	2011～2015
自己(全 filed)	1383	1565	2078	5317	12103	15591	22528	29572	36330	48230	63920	101689	137283
自己(title)	300	432	682	1850	4166	5837	7109	9049	10349	10922	13671	19730	26125
パーソナリティ(全 filed)	3796	4659	6138	12999	16179	19048	24670	34708	39148	37479	44610	60756	67044
パーソナリティ(title)	1054	1007	1205	2048	2841	3379	3248	4866	5561	5100	5952	7960	8873
自己/パーソナリティ(全)	0.364	0.336	0.339	0.409	0.748	0.819	0.913	0.852	0.928	1.287	1.433	1.674	2.048
自己/パーソナリティ(title)	0.285	0.429	0.566	0.903	1.466	1.727	2.189	1.860	1.861	2.142	2.297	2.479	2.944

(2016 年 6 月作成)

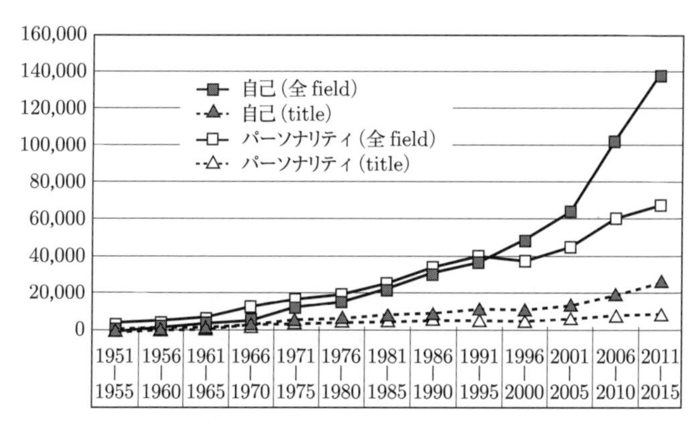

図 2･1 「自己」と「パーソナリティ」に関する PsycINFO の分析結果
(2016 年 6 月作成)

とされている。そうした中で，バウマイスター(Baumeister, 1998)は，長大な展望論文の中で，自己研究を**内省的意識**(reflexive consciousness)，**対人的存在**(interpersonal being)，**実行機能**(executive function)の三領域にわけ，さらに「文化的・歴史的多様性」を加え，トピックスの整理を行っている。また，リアリィとタングニィ(Leary & Tangney, 2003)は，自己という概念の使われ方として，①人間としての自己，②パーソナリティとしての自己，③経験する主体としての自己，④信念としての自己，⑤行為主体としての自己，という 5 つの側面があることを指摘し，①や②のような使い方は概念的な混乱をもたらすので，③以降の三側面に着目した研究や，包括的な定義について検討することが重要であると論じている。リアリィらは，これら 3 つの側面に共通する特徴は，「内省的思考」すなわち自分自身を注意や思考の対象とする能力であり，自己をそのような能力をもつ心的装置として考えることが重要であることも指摘している。

(2) 自己研究の歴史的展開

歴史的にみれば，心理学的な自己研究のルーツは，「心理学の父」と称されるジェームズ(James, 1890)に遡ることができる。ジェームズは，注意や思考の流れも自己の一部とみなし，自己を絶え間なく変化する意識状態として把握することが重要であると論じ，今日の「自己過程」の基盤となる考え方を提唱した。さらにジェームズは，知る自己(self as knower)としての"I"と，知られる自己(self as known)としての"Me"を区別したうえで，"Me"の内容を，「物質的自己」(身体など)，「精神的自己」(意識状態など)，**社会的自己**(他者からの評価に関する認識など)，の三側面に分けた。このうち，自己が社会的に構成されるものであるという「社会的自己」の考え方は，クーリー(Cooley, 1902)の**鏡映自己**の考え方や，ミード(Mead, 1934)の自我論に引き継がれていった。とりわけ，ミードは，他者の観点を取得することによる自己形成を役割取得(role taking)として重視し，他者の多様な態度を組織化・一般化した**一般化された他者**(generalized self)の期待を取得することによって，自我を十全に発達させることができるとした。ミードは，こうした他者の態度(役割期待)を受け入れることによって成立した自我の側面をMe(客我)と名づけ，一方で，そうした他者の態度に対し反応する主我(I)が存在することも指摘し，両者の相互作用によって自我形成が行われると考えた。こうした考え方はさらに，ゴフマン(Goffman, 1959)による，役割演技や印象管理を重視する「ドラマトゥルギー(演劇論)」や，ブルーマー(Blumer, 1969)に代表される「象徴的相互作用論」へと発展していった。

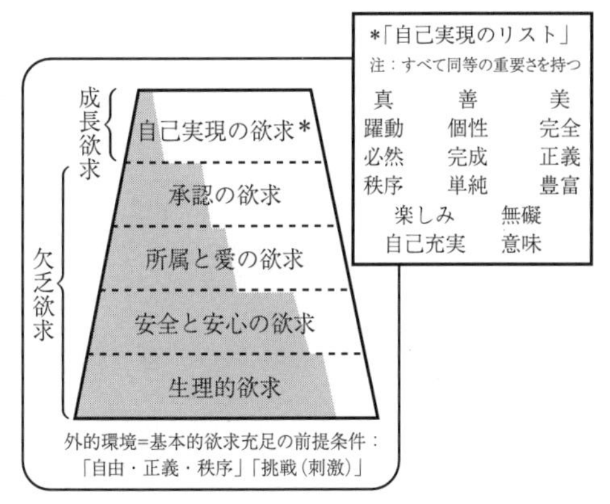

注：基本的欲求を4つの欠乏欲求と成長欲求に区別し，階層性を示唆したが，グレーの割合で満たされている状態が平均的と述べている。

図 2・2 マズロー(1954)に基づく欲求階層図
出典）廣瀬他(2009)

一方で，ロジャーズ(Rogers, 1951)は，外的な刺激により行動が統制されるという行動主義的な考え方や，無意識的な動機的決定因を重視する精神分析的な考え方への反発から，**人間性心理学**(humanistic psychology)を提唱し，生体は自己を維持し高揚させるよう自らのすべての能力を発展させようとする本来的な傾向性をもつと論じた。ロジャーズは，十分に機能する人間は，主体の価値づけの過程(満足感に基づいて新たに持続的に価値づけを行う)を機能させ，無条件の肯定的配慮(他者から愛され受け入れられること)を体験し，こうした他者からのポジティブな関心がポジティブな価値条件規定を生み出すと論じている(McAdams, 2009)。さらに，マズロー(Maslow, 1954)は，欲求の階層論(**図 2・2**)を提唱し，最上位の欲求として**自己実現**(self actualization)を位置づけ，そうした欲求に基づいて行動する自己実現者には，自他の受容感や自律感が強くみられ，対象との一体感や統合感を意味する存在認知(being cognition)や，幸福感や超越感を特徴とする至高体験(peak experiences)が体験されることが多いと論じた。

(3) 自己過程

先に示したように，1960年代以降，自己研究の数は飛躍的に増加し始めた(図2·1)。こうした変化の主たる原因は，1章でも紹介したミシェル(Mischel, 1968)のパーソナリティ研究批判や，社会心理学の危機をめぐる論争が背景にあると考えられる。それをもとに，社会心理学者の関心が，分散分析的研究の変数の扱いに代表される，特性を代表とする固定的・安定的な個人差から，状況的・文脈的な視点を重視した力動的な過程の中で個人差を把握しようとする社会認知論的な研究へシフトしていったことが大きく影響していよう。こうした中で，自己研究でも，特定の状況的文脈の中で，自分をどのように理解・評価し表現してゆくかという「過程としての自己」が重視されるようになっていった(Carver, 1979)。中村(1990)は，いちはやくこうした自己過程に注目し，自己過程の四位相説を提唱している。これは，自己過程を①自己の姿への**注目**(自己意識・自己注目)，②自己の姿の**把握**(自己概念)，③自己の姿の**評価**(自己評価)，④自己の姿の**表出**(自己表現)，の四位相として把握することが重要とする指摘である。さらに中村(2006)では，①と②が「自己認知」過程としてまとめられ，三位相説として精緻化されている。先に示したバウマイスター(Baumeister, 1998)による自己研究の三分類もこうした自己過程を意識したものと考えられるし，リアリィらも(Leary & Tangney, 2003)，①**注意過程**(自分自身に自動的・意図的に注意をむける過程)，②**認知過程**(自分自身について意識的に考える過程)，③**実行過程**(現在や未来の自分について考え，自分自身をコントロールする過程)の三過程が存在すると指摘している。本章でも，これらの考え方を基盤に解説を進める。ただし，自己研究は「単一のトピックではなく，ゆるやかに関連するサブ・トピックの集合体」(Baumeister, 1998)でもあり，自己過程間の首尾一貫した関連性を視野にいれた検討が重要であることは言うまでもない。

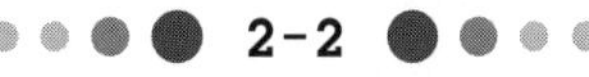

2-2 自己認知の体系化

(1) 自 己 注 目

われわれは普段，自己の注意を外界に向けているが，鏡に写った自分の姿を見たり，人から見つめられたりすると，自己の内面に注意を向けるようになる。すると，「知る自己」と「知られる自己」という自我の二重性が生じ，「知る自己」により「知られる自己」を客体として把握しようとする内省的な自己過程が開始されることになる。こうした過程がわれわれの認知や行動に及ぼす影響に関しては，ジェームズ以来さまざまな指摘がなされてきたが，実証的に検討を行ったのが，デューバルとウィックランド(Duval & Wicklund, 1972)である。デューバルらは，自己の注意が内面にむけられた状態を**客体的自覚**(OSA: objective self awareness)状態と呼び，そのような状態が生起すると，自己のもつ行動基準や価値規範との落差が意識され，基準や規範に達していないという嫌悪的な動因につながり，それを低減するための動機づけが生じると論じた。また，基準に達していたり，上回ったりしていた場合でも，基準が上昇し落差が生じるようになることも指摘されている（Wicklund, 1975）。ウィックランドら（Wicklund & Duval, 1971）は，実験参加者に自分自身の声を聞かせたり，カメラで撮影した映像を見せたり，鏡の前で作業をさせるなど，さまざまな手法により客体的自覚を高めることで，同調行動が高まったり，作業量が増加することを実証的に示している。さらに，自己注目は状況に適切で顕著な基準に近づこうとする同調行動をもたらすが，生起する行動は個々人のもつ基準によって異なり，罰肯定的な基準をもつ人は罰肯定的な行動をとりやすいこと（Carver, 1975），あるいは結果予期が重要な役割を果たし，ポジティブな予期をもてば基準に合致した行動が生じるが，ネガティブな予期をもてば，自覚状態の回避が生じること（Carver & Scheier, 1981）なども論じられている。関連する数多くの自己注目研究の成果については押見（1990, 1992）やカーバー（Carver, 2003）に詳しい。また，フェニヒシュタインら（Fenigstein et al., 1975）は，自己への注意の向けやすさには個人差があることを指摘し，自己の潜在的・個人的な側面への注意の向けやすさを意味する「私的自己意識」と，社会的対象として人からみられる側面への注意の向けやすさを意味する「公的自己意識」の両側面を測定する**自己意識尺度**（self-consciousness scale）を開発している。この尺度は押見ら（1985）によって邦訳され，本邦でも数多くの研究で用いられている。

(2) 自己認知と自己スキーマ

自己の内面に注意が向くと，「自分はどのような人間か」という内省的思考が行われるようになる。通常，そこで生じる情報処理過程は**自己認知**，処理の基盤となる個々の情報を**自己知識**，処理の結果として構成される特定の領域に関する知識体系を**自己スキーマ**，より総体的に把握された比較的安定した自己知識体系を**自己概念**と呼んで区別する。古典的な自己研究では，たとえばクーンらの開発した「20答法」(Kuhn & McPartland, 1954)などを用いて，処理結果として個人が保有する「自己概念」の内容そのものが問題にされたが，1980年代以降の社会的認知研究の進展とともに情報処理過程としての「自己認知」が注目されるようになっていった。きっかけを作ったのは，マーカス(Markus, 1977)による**自己スキーマ**研究である。自己スキーマとは，自己に関する諸要素の連想を表す連合ネットワーク・モデルとして示される知識体系を意味する。マーカスは，参加者に独立性と依存性に関する自己評定を行わせ，結果に基づいて独立スキーマ群，依存スキーマ群，非スキーマ群の三群を構成した。これらの群について，独立語・依存語を呈示し，自分に当てはまるかどうか反応時間を測定したところ，スキーマに合致した特徴語に関しては反応が早くなることが示された。こうした研究結果をもとに，マーカスは自己スキーマが，①関連する情報処理を容易にする，②関連する行動検索の手がかりとなる，③関連する行動を予測させる，④矛盾する情報を排除する，という働きがあると論じた。後の研究で，自己スキーマは他者認知の枠組としても機能することが明らかにされ(Carpenter, 1988)，さらに，自己に関連づけて記銘を行わせると後の検索がされやすいという**自己関連効果**(Rogers et al., 1977)や，自分で作り出した情報のほうが記憶されやすい**自己生成効果**(Greenwald et al., 1989)など，自己スキーマにより情報処理が促進的に行われることを示す知見も数多く報告されている。

(3) 自己概念の多面性

自己知識の中には，自分がどういう性格かという意味的な内容ばかりでなく，いつ・どこで・何をしたかというエピソード記憶も含まれる。さらに，望ましい自己(希望自己)，期待される自己(予測自己)，そうありたくない自己(不安自己)から形成される**可能自己**(possible self: Markus & Wurf, 1987)や，後述するヒギンズ(Higgins, 1987)の指摘する**理想自己**(ありたい自己)，**義務自己**(あるべき自己)，さらに時間的展望研究(都筑・白井, 2007)で指摘されているような，自分の過去や将来に関する知識や認知も含まれる。「自己認知」過程では，これらすべての知識が一斉にアクセスされるのではなく，状況や文脈に応じてその一部が利用され，オンライン処理を行う**作動自己**(working self)を構成すると考える立場もある(Markus & Wurf, 1987)。さらに，自己カテゴリ化理論(Turner, 1987)では，個としての自分が意識される場合と，集団の一員としての自分が意識される場合では，行動に相違が生じることも指摘されている。

こうした知見をもとに考えれば，自己は多様な知識から構成された複合体であり，自己概念は比較的安定しつつ，状況や文脈に応じて柔軟に変化する性質をもつといえるだろう。このような自己の多面性や可変性を測定する技法もいろいろと検討が進められている。たとえば，リンヴィル(Linville, 1985, 1987)は，40個の自己関連特徴を個別のカードに書き出させ，そのなかのいくつかの特徴を用いて「友達といる時の自分」など，自己の側面を表すような分類を複数作成させ，その重複の程度から統計量Hと呼ばれる指標を算出し，これを**自己複雑性**の指標としている(具体的な算出方法については，林・堀内, 1997参照)。また，知的能力，社会活動など多側面に関し，自己の相対的位置や，その重要性を評定させることにより，多面性を理解しようとする自己属性質問紙(Self Attribute Questionnaire: SAQ)も開発されている(Pelham & Swann, 1989)。一方，ドナヒューら（Donahue et al., 1993）は，多面的な自己の中に核となる自己があるかどうかを**自己分節化**ととらえ，複数の役割人物評定から得られた評定間相関に基づく主成分分析における第一主成分得点の固有値の低さを分節化得点と見なしている。さらに，シャワーズ（Showers, 1992）は，ポジティブな信念とネガティブな信念が自己の側面として分断されているか（分断型），統合されているか（統合型）を問題にしている。このように多面的自己を測定する指標は数多く検討されているが，これらの指標を用いた研究の知見には矛盾する結果も見受けられる。たとえば，自己複雑性研究では，複雑性が高いほど自己評価や適応指標がポジティブになることが明らかにされているが，自己分節化研究では，分節化得点が高いほど（固有値が低いほど）適応性が低く，離婚や転職を多く経験していることが明らかにされている。こうした相違が生じる理由に関する定まった見方は提唱されておらず，今後論議を整理してゆく必要がある。

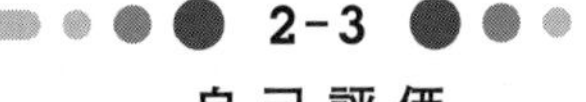

2-3 自 己 評 価

(1) 自 尊 感 情

自己認知は，さまざまな自己の姿を明らかにするだけでなく，そうした自分がポジティブなものか，ネガティブなものかという認知的評価過程を生起させる。なぜこうした評価過程が生起するかについては諸説があるが，その多くは自分に関する評価を知ることが適応にとって有用であるとする考え方に立っている。たとえばセディキデスとスコウロンスキー（Sedikides & Skowronski, 2003）は，進化心理学的観点から，人間の象徴的な自己の形成が，①生態学的圧力：

食物獲得の必要性から派生した認知能力(例：どこに食物があるかの記憶)と内省能力(例：それを手に入れるためのプランニング)の発達とともに，②社会的選択圧力：集団内の相互作用や他者からの評価の取り入れによる自己形成，によるものと論じている。ジェームズ以来多くの研究者が論じてきたように，自己は社会的性質をもち，②の側面に示されるような社会的適応状態をオンラインで評価する必要性が，生体そのものの適応にとって重要な意味をもち，自己の評価的機能を作りあげてきたとみなすことができるだろう。

そうした評価の典型的な指標として**自尊感情**(self-esteem)を考えることができる。自尊感情の定義はさまざまだが，バウマイスター(Baumeister, 1998)は，「自己評価に関する肯定的な側面」として包括できることを指摘している。こうした考え方の背景には，自己を「安定的統合的実体」として把握する傾向性があり(遠藤, 1999)，ローゼンバーグ(Rosenberg, 1965)の尺度に代表される数多くの測定法も，こうした特性論的仮定に基づいて自尊感情の個人差を測定してきた。一方で，そうした安定的な側面から自己過程へ関心が移行するにつれ，自尊感情についても，社会的状況や関係性の文脈の中で把握する必要があるという主張が展開されるようになった。たとえば，リアリィら(Leary et al., 1995)は，自尊感情を「他者に対する自分の関係価値をモニターした結果を表す進化的適応システム」(Leary & MacDonald, 2003)と考える**ソシオメータ**(sociometer)論を展開している。日常生活では他者から高い価値を与えられていることが，サポート供与や再生産につながる資質として重要であり，そうした関係価値をモニターする装置として自尊感情を位置づけることができるとする指摘である。自尊感情の低さは，ネガティブ感情や同調傾向の強さ，不適応行動等と関連することが明らかにされてきたが，自尊感情を他者からの価値づけを意味する社会的な測定道具として理解することが，こうした知見をより的確に説明できると論じられている。

(2) 自己評価と認知的バイアス

自己に対する評価の基準は，他者との比較によって得られることが多い。フェスティンガー(Festinger, 1954)は，**社会的比較理論**を提唱し，人間には自分のもつ能力や意見を評価しようとする動因があると仮定したうえで，比較の方法として，物理的・客観的手だてを用いて比較を行うやり方と，他者の能力や意見と比較する方法があると指摘した(高田, 1992)。前者によって得られる真実は**物理的真実**，後者によって得られる確実性は**社会的真実**と呼ばれている。日常生活における「真実」は，多くの場合，報道をはじめとして他者の見方や意見によって媒介された社会的真実であることが多い。自己評価についても，先述した社会的自己やソシオメータ論の主張にみられるように，他者の見方をどのように取り入れるかが重要な意味をもつことになる。また，比較される内容や比較の対象も重要な意味をもつ。たとえば，テッサー(Tesser, 1988)は，人はポジティブな自己評価を維持しようと動機づけられるという前提のもとに，**自己評価維持モデル**を提唱している。この考え方は，他者との関係性や活動への関与度，他者の遂行という3つの要因によって，自己評価が維持される過程を説明している。たとえば，心理的に近い他者が，優れた遂行を行ったとき，活動への関与度が低ければ，そのような友人をもったことが誇りに思え，自己評価は上昇するが(**反映過程**)，関与度が高ければ友人との比較により自己評価が低下し(**比較過程**)，自己の行動調整が生じると主張する。

一方，シュローガーとシェーネマン(Shrauger & Schoeneman, 1979)は，自己評価と実際の他者評価，他者評価の認知を比較した文献のまとめを行った結果，自己評価と実際の他者評価の間には低い相関しか認められず，自己評価と他者評価の認知の間には高い相関があることを報告している。こうした「他者が私をどう見ていると私が信じている考え方」は反映的自己(reflected self)と呼ばれており，多くの研究を通じ，客観的な他者評価よりも，反映的自己評価のほうが，現実の行動の規定因として重要な意味をもつことが明らかにされている(Tice & Wallace, 2003)。自己評価に関しては，この種の自己中心的な認知的バイアスがみられることが，数多くの研究で指摘されてきた。たとえばグリーンワルド(Greenwald, 1980)は，先述した自己関連効果に示されるような認知の自己中心性とともに，ベネフェクタンス(beneffectance: 成功を自分の貢献に，失敗を他の原因に求める傾向)，認知の保守化，などのバイアスがみられることを指摘し，自己は**全体主義**(totalitarian)**的性質**」をもつと論じている。さらに，テイラーとブラウン(Taylor & Brown, 1988)は，「精神的に健康な人は，自尊心を高め，個人的な有能性に関する信念を維持し，将来に関する楽観的な視点を促進させるように現実を歪めてとらえる能力を有する」と論じ，これを**ポジティブ幻想**(positive illusion)と名づけている。ポジティブ幻想には，「自己に対する非現実的なポジティブ視」，「個人的コントロールに関する誇張された知覚」，「非現実的な楽観主義」という3つの側面があるとされており，自己評価バイアスが，文化差はみられるものの，多くの人々に共有された現象であり，社会的適応にポジティブな効果を有することがさまざまな角度から明らかにされている。

(3) 自己確証と自己拡張

人は一定の自己評価を形成すると，そうした見方を安定的に維持しようとする動機づけ(認知的一貫性)ばかりでなく，自己評価を支持する証拠を探しながらそれを検証したり，そうした証拠を，より信頼でき，診断的で，処理しやすいものとみなす傾向があることも指摘されている。こうした傾向は**自己確証**(self-verification)過程と呼ばれる(Swann, 1983)。スワンら(Swann et al., 1983)は，自己確証過程を**図2·3**のようにまとめ，人は自己概念を確証するように自己観と整合するような情報に注意を向け，取り入れや解釈を行うとする考え方を示している。同時に，自己確証過程では，環境を創造すること，すなわち，相互作用の相手を選択し，他者から望ましい確証的な反応をひきだせるように自己を表現することも重視される。

「自己確証過程」は，見方を変えれば，人は他者の期待を確証するように行動する傾向をもつと捉えることもできる。こうした視点から，ドリゴタスら(Drigotas et al., 1999)は，自己は親しいパートナーの認知や行動によって形成されると論じ，ミケランジェロが自分の理想像を彫刻として創造した比喩をもとに，これを**ミケランジェロ**

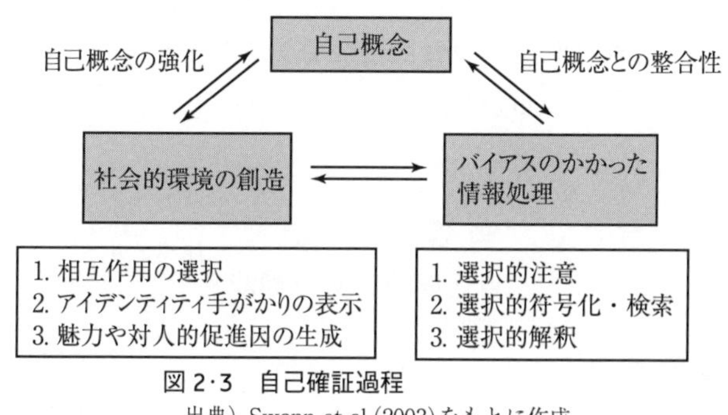

図2·3 自己確証過程

出典）Swann et al.(2003)をもとに作成

現象(Michelangelo phenomenon)と名づけている。自己をA，パートナーをBとすると，ミケランジェロ現象は，①Aに対するBの好意的認知がBの好意的行動を生み出し(パートナー肯定感仮説)，②Bの好意的行動がBのもつ理想に近づこうという動機をAの中にもたらし(理想化動機仮説)，そうした動機がパートナー関係の充実感を高める(充実感向上仮説)，という三段階から構成される。ドリゴタスらは，パートナー関係にある人々を対象とした4つの実証的研究により，こうした過程が現実に検証されることを示している。

さらにアーロンら(Aron et al., 2001; Aron, 2003)は，「自分はある程度自分のパートナーでもある」という考え方を基盤とする**自己拡張理論**を展開している。たとえばアーロンら(Aron et al., 1991)では，自己や配偶者にあてはまる特性を列記させたうえで，それらの特性について自分か(Me)自分でないか(Not Me)の判断時間を計測すると，パートナーとマッチする(自分にもパートナーにもあてはまる／あてはまらない)特性のほうが，マッチしない特性より判断時間が短くなることが明らかにされている。これらの報告は，重要な他者との関係の中で形成され共有される「関係的自己」や「関係スキーマ」が存在することを示しており，自己や対人関係を考える際の重要な側面のひとつとして注目を集めている(Sedikides & Brewer, 2001; Baldwin, 2005)。

2-4 自己表現と実行機能

(1) 自己表現

人が自分自身の印象を統制するために行う行為は，全般に**自己呈**

示(self-presentation)と名づけられている(Schelenker, 2003)。自己確証過程にみられるような自己呈示は，自己表出的自己呈示とも呼ばれ，自己のアイデンティティを構築し，維持するための呈示として位置づけられる。これに対し，対人関係の中では，自己呈示が戦略的に行われる場合もある(戦略的自己呈示)。その前提には，人は日常的に特定の印象を作り出し，対人的な目標を達成しようとするという考え方がある。戦略的自己呈示は，短期－長期，防衛－主張という次元により分類されている。たとえば，短期的・主張的な戦略は，取り入り，威嚇，自己宣伝，示範，哀願などに分類される。短期的・防衛的戦略としてはセルフ・ハンディキャッピングなどが取り上げられている(Jones & Pittman, 1982; 安藤, 1990)。

一方で人は，他者との会話の中で，自分自身の内面を正直に相手に伝えることも多い。こうした行為は**自己開示**(self-disclosure)と呼ばれている(5-3 節も参照)。自己開示は主として言語的な手段によって行われるとされているが，非言語的な側面を含める場合もある。またどのような側面を開示するかに関しては開示者の意図が関与することが多いので，自己開示も自己呈示の一種とみなされることもある。自己開示は自己にとって，また対人関係においても重要な機能を有するとされている。たとえば安藤(1990)は，感情表出，自己明確化，社会的妥当化という自己関連機能と，二者関係の発展，社会的コントロール，親密感の調整という対人的機能の存在を指摘している。とりわけ，自己開示は関係の発展にとって重要な意味をもつことが指摘されており，関係の発展とともに内面的な開示を行うこと(自己開示の適切性)，相手から開示を受けたら同レベルの開示を返すこと(自己開示の返報性)が，関係促進的な行為として重要であるとされている。さらにペネベーカー(Pennebaker, 1997)は，外傷体験の開示が精神的健康にとって重要であることを示しており，自己開示研究が臨床的にも重要な意味をもつことが明らかにされている。

(2) 自己制御過程

自己が能動的・意志的な側面を持つことは多くの研究者によって指摘されている。バウマイスター(Baumeister, 1998)は，自己のそのような側面を「実行機能」として位置づけ，「数あるオプションの中から特定の行動を選択し，無関連の情報をフィルターにかけ，反応を選択し，実行にうつす過程」(Baumeister & Vohs, 2003)と定義している。自己の実行機能の中心をなす過程は，**自己制御**(self regulation)もしくは**自己統制**(self control)と呼ばれる。これら2つの用語は，多くの場合区別せずに用いられるが，研究者によってはより広範な目標志向的過程を「自己制御」，意図的な衝動制御過程を「自己統制」として区別することもある(Vohs & Baumeister, 2004)。

自己制御過程については多くのモデルが展開されている。たとえば，カーバーとシャイアー(Carver & Scheier, 1981, 1998)による**TOTEシステム**と呼ばれるモデルでは，自己制御過程を，①入力機能：外部環境から情報を取り込む機能，②参照価値：生体がもつ目標や基準，③比較子：入力された情報と参照価値を比較検討し差異の大きさを測定する機能，④出力機能：比較の結果が行動として表される機能，からなるフィードバック・ループとして説明する。TOTEと呼ばれるのは，①〜③の過程で現在の状況と望ましい状況を比較し(Test)，差異が知覚されると④により望ましい状態にむけた行為が生じ(Operate)，フィードバック・ループによりその進展が再び検査され(Test)，落差がなくなれば終結する(Exit)という過程として制御過程を説明していることによる。

カーバーらは，さらに2つのフィードバック過程を設定し，これらのフィードバックに，制御過程としての重要な意味をもたせている。1つは差異低減（ネガティブ）フィードバック・ループで，出力された行動により，入力と参照価値の差異が低減され，目標の達成や，基準との一致が達成される過程，もう一方は，差異拡大（ポジティブ）・フィードバックで，出力された行動が，参照価値との差異を広げ，反目的的に機能する場合を意味する。たとえば，今までの自分とは異なる，新しい自分の可能性を見いだしたいと考えるときには，差異拡大フィードバックが重要な機能をもつことになる。

さらにゴルビッツァー（Gollwitzer, 1993, 1999）は，TOTE システムの Operate 過程に注目し，「行動を始められる」という実行意図（implementation intention）が，目標追求のための自己制御に重要な意味をもつとする**実行意図理論**を提唱している。実行意図とは，目標達成のための行動を具体的にどのように展開するかの意図であり，X を成し遂げたいという行動意図について，「もし Z という状況が生じたら（If：いつ，どこで），まず Y という行動を行おう（Then：どのように）」とするプランニングであるとされる。ゴルビッツァーは，実行意図が目標達成行動の始発点になると論じており，一例として，これを意識させることにより，困難な目標の遂行率が，約3倍に上昇することが実証的に明らかにされている（Gollwitzer & Brandstatter, 1997）。

(3) 自己制御過程の個人差

先述したように，ヒギンズ（Higgins, 1987）は，自己制御過程に，理想による制御過程と，義務による制御過程が存在すると主張している。前者は「こうありたい」という理想による動機づけ，後者は「こうあらねばならない」という義務による動機づけを生む。ヒギンズらは，これらの動機づけの強さが，理想自己と現実自己の不一致，義務自己と現実自己の不一致によって測定されるとする**自己不一致理論**(self-discrepancy theory)を展開しており，前者の不一致の大きさは，希望や願望の達成に関連し，その未達成は失望や落胆に関連する感情を生起させるのに対し，後者の不一致の大きさは義務感や責任感に関連し，その未達成は不安・緊張感などの動揺関連感情を生起させると論じている。さらに，ヒギンズ(Higgins, 1997, 1998)は，ポジティブな結果を得るか否かに敏感で，それによる自己制御を行うことを**促進焦点**(promotion focus)と名づけ，理想自己の達成と関連づけている。一方で，ネガティブな結果を得るか否かに敏感な自己制御過程の相違も，人間行動において重要な意味をもつと指摘し，これを**予防焦点**(prevention focus)と名づけ，義務自己の達成と関連づけ，自己制御過程の個人差を表す変数として重要視している。これら2つの自己制御様式の相違は，**制御焦点**(regulatoy focus)理論として理論化され，個人差の測定道具も開発されている(Lockwood et al., 2002: 尾崎・唐沢, 2011)。

また，ミシェルら(1972, 2014)は，「マシュマロ・テスト」と呼ばれる**満足の遅延**(delay of gratification)に関する著名な実験による自己制御研究の成果について論じている。このテストでは，4歳から6歳の幼稚園児に対し，部屋で一人で待つよう指示がなされた(時間は15分間)。その際，マシュマロなどの菓子が2つ呈示され，実験者が戻ってくるまで待てれば(自己制御)，2つとも食べられるが，すぐに食べたいなら1つだけ食べてもよいという教示がなされた。その結果，約1/3の子どもが自己制御が可能という結果が得られた。

加えてショウダやミッシェルら(Shoda et al., 1990)は，追跡研究により，自己制御が可能であった子どものほうが，成長後の自己制御力が高く，学業成績など社会的適応性も高いことを示している。さらに，ミシェルら(Mishcel & Morf, 2003)は，自己制御過程に，感情ベースで自動的・衝動的な処理を行う「ホット」な過程(go システム)と，論理ベースで慎重な努力を有する「クール」な過程(know システム)があることを指摘し，これら2つのシステムのバランスが生物学的要因と発達的要因との相互作用により規定され，個人の自己制御能力，すなわち「クール」な過程が「ホット」な過程を統制する程度の個人差を形成してゆくとする考え方を展開している。

(4) 自己の実行機能研究の進展

本章では，「自己」に関する膨大な研究成果の中から，中村(1990)の指摘する4つの自己過程に従って研究成果を概観してきた。全般的な研究動向としては，自己注目や自己評価から自己表現に関心が推移し，2000年代以降の研究の中心は，自己制御や自己統制を中心とする自己の実行機能に関する研究へと移行しているとみなすことができる。バウマイスターとヴォーズ(Baumeister & Vohs, 2003)は，その理由について，「現代社会では数多くの選択や意志決定場面に直面することが多く，そのぶん自己制御も重視されることになる。個人化や移動可能性の高まりは，一定の社会集団に拘束されたライフスタイルや，アイデンティティ形成からの逸脱をもたらし，個人の社会的ネットワークを変化させており，そのぶん新たな環境での試練や苦悩に打ち勝つことが重視され，自己決定的なアイデンティティを有することが求められている。こうした自己のコヒアラントな感覚を維持するためには，自己制御が自己の重要な課題となる」

(p.198) と論じている。

バウマイスターら(1998, 2007)による自己制御研究では，先に説明した，目標設定や目標との乖離に関するモニタリングを重視する考え方とともに，自己制御のための資源が十分に存在することが重要で，資源の枯渇が自己制御の失敗につながるとする指摘がなされている。この研究では，資源操作と自己制御という2つの課題遂行が求められ，たとえば誘惑につながる対象を近くに置くか遠くに置くかという資源操作において，近くに置かれると自己制御資源を多く消費することになり(**自我枯渇**：ego depletion)，結果的に後続する認知的遂行課題への取り組みや成績が低下するという結果が報告されている。このような自己制御過程の検討や，自己制御の失敗を防ぐ対処に関する研究は近年本邦でも盛んに行われており，統合的な視点の構築が求められている。

また，リアリィとテリー(Leary & Terry, 2012)は，自己関連の認

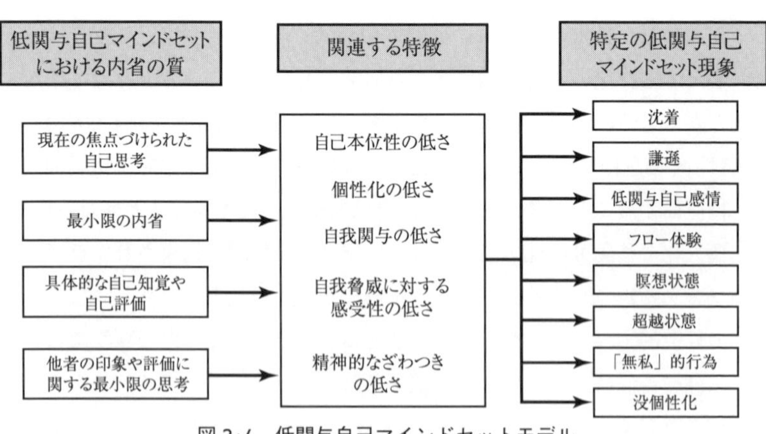

図 2·4　低関与自己マインドセットモデル
出典）Leary & Terry (2012)

知モードとして，①過去や未来における自分自身について考えること，②自身の思考，感情，動機について内省すること，③自身の特徴や能力，行為について概念化し評価すること，④自分が他者によりどのように認知され評価されているか考えること，という4つのモードを取り上げたうえで，過去の自己研究はこれらの課題の検討を中心に行われてきたが，自己に深く関与しない，沈静化された心理的状態を意味する**低関与自己マインドセット**（hypo-egoic mindset）についての研究を促進することも重要であると主張している。この考え方は**図2·4**に示すように，先の4点に対比させて，①自己について現在に焦点づけて考えること，②内省を最小限に留めること，③具体的な自己認知や自己評価を行うこと，④他者の印象や評価についての考えを最小限に留めること，という4点を強調している。そこから生じてくる，沈着・謙遜などの感情状態，フロー（物事の流れるような体験）や瞑想などの自己超越体験などが自己研究の新たなテーマとなり得ることが指摘されており，今後の自己研究のひとつの方向性を示す提言として興味深い。

まとめ

- 自己研究は，社会心理学の中でもっとも研究が盛んな領域のひとつであり，扱われるトピックスも多様である。
- 自己研究では，「過程としての自己」が重視され，注意過程，認知・評価過程，表現・実行過程という位相が提案されている。
- 注意過程では自己注目や自己意識研究が，認知・評価過程では自己評価や自己確証に関する研究が，表現・実行過程では自己呈示・自己開示研究が展開されてきた。
- 最近の研究の関心は，自己制御を中心とする自己の実行過程に向けられている。

より進んだ学習のための読書案内

Leary, M. R. & Tangney, J. P. (Eds.) (2012). *Handbook of Self and Identity*. 2nd ed. Guilford Press.

☞本章でも多くの文献を引用している自己研究ハンドブックの改訂版。「自覚・認知・制御」,「評価・動機付け・感情」,「対人行動と文化」,「生理学的・系統発生的・発達的観点」の4部31章から構成され，最新の知見が詳細に紹介されている。

中村陽吉(編)(1990).『「自己過程」の社会心理学』東京大学出版会

☞「自己過程」の四段階を提唱・解説した古典的名著。本章でも取り上げた4つの過程(自己注目・自己把握・自己評価・自己表現)のそれぞれについて，豊富な実例をふまえ，わかりやすく解説している。

課題・問題

1. 心理学事典などにより,「自己」を接頭語とする心理学用語を20個検索し，それぞれの意味を調べ，相互の概念的関連性についてまとめてみよう。

2. 自尊心(自尊感情)に関する考え方や測定道具について文献やネットで調べ，内容を比較してみよう。

3. 自己制御に関する最新の論文を5つ読んで，扱われている内容について整理し，相互の関連性についてまとめてみよう。

3章

社会的認知

他者の心や行動の理解

キーワード
対人認知，印象形成，暗黙の性格観，ビッグ・ファイブ，帰属理論，帰属のバイアス，社会的認知，自動処理，精細処理，潜在的認知

2章では，自分が自分をどう認識・評価し，行動を表出・制御していくかに関する研究について論じてきた。本章では，他者をどう認知するかという問題に切り替え，われわれが他者に関する多様な情報をどのように処理するかという問題に関する研究の流れや研究成果について紹介する。

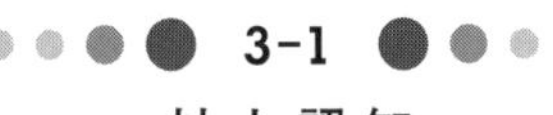

3-1 対人認知

(1) 印象形成

集団生活では，他者の気持ちや考え方を理解することがきわめて重要な意味をもつ。こうした課題に関する心理学の関心は古く，た

とえば，人の表情から内面の感情を理解できるかという問題は，ダーウィン(Darwin, 1872)の著作の影響もあって，1900年代から研究の対象となってきた。そうした中で，他者に関する情報の処理過程や特質を初めて論理的に説明したのがアッシュ(Asch, 1946)である。アッシュは，まず「自信のある」など7つの特性を一人の人物の印象として呈示し，そこからどのような全体印象が形成されるか検討を行い，全体印象が個々の特性に還元されるものではなく，適度に丸められ，ゲシュタルト(まとまりのある全体)を構成することを示した(印象形成のゲシュタルト説)。さらにアッシュは，知的，器用など7つの特性リストについて，4番目の特徴を「あたたかい」とした群と「つめたい」として群の全体印象に大きな差が生じることを明らかにし，印象形成に際し，中心的な役割を果たす特性(**中心的特性**)があることを示すとともに，社会的に望ましい特性から望ましい特性へとリストを呈示したときと，逆に望ましくない特性から呈示した場合にも全体印象には差がみられ，リストの始めに位置する特性の望ましさによって印象が規定されること(**初頭効果**)を示した。中心的特性の重要性は，ケリー(Kelley, H. H., 1950)による非常勤講師紹介という日常的文脈における現実的操作実験でも，大きな印象の相違をもたらすことが確認されている。

一方で，アンダーソン(Anderson, 1965)は，全体印象が特性に含まれる「望ましさ」の代数的な結合により説明できるという**情報統合理論**を示し，ゲシュタルト説に反論を唱えた。アンダーソンは，加算モデル，平均モデルなどいくつかのモデルを検討したうえで，加重平均モデルと呼ばれる，初期印象やそれぞれの特性の重みづけにも配慮したモデルを最も予測性の高いモデルとして提唱したが，こうした考え方に対しては，「望ましさ」という単一の認知次元しか問題にされていないという批判も強かった。

(2) 暗黙の人格観

同じ他者をみても，そこから形成される印象は人によって異なる。それは，人が特性間の相互関連について，日常的な「理論」を有しているためと考えられる。こうした「理論」は，**暗黙の人格観**(Cronbach, 1955)と呼ばれる。ローゼンバーグとジョーンズ(Rosenberg & Jones, 1972)は，暗黙の人格観研究の一例として，作家であるドライサー(Dreiser, T.)の作品分析を行い，特性用語の共生起頻度から背後にある認知次元を分析した結果，「急進的自由主義 v.s. 抑圧された上品さ」と「堅苦しい男性性 v.s. 柔軟で魅力的な女性性」という 2 つの次元を抽出した。ドライサーは，因習的な考えを嫌い多くの女性と交際を重ねた作家として知られており，得られた認知次元が，その人柄をよく表していることが示された。

ケリー(Kelley, G. A., 1955)の**パーソナル・コンストラクト理論**は，こうした他者認知の独自性を重視するパーソナリティ理論として評価されてきた考え方である。ケリー, G.は，人間は皆科学者であり，自分の周りで生じる事象を解釈・予測・統制しようとすると論じた。その際に中心的な役割を果たす要素が，外界を眺める眼鏡にたとえられる「コンストラクト」である。コンストラクトは，概念的な双対極をもつ認知次元を表す(明るい－暗いなど)。ケリー, G.によれば，人はコンストラクトの体系として理解することができ，それぞれのコンストラクトの内容的特質や相互の関連にみられる独自性が，出来事の解釈や行動予測・統制の独自性を生み，個々人のパーソナリティ特徴につながる。ケリー, G.のこうした考え方は，3-3 節で論じる社会的認知研究にも大きな影響を与えている。

ビエリ(Bieri, 1955)は，コンストラクトの内容や関連性を検討する目的でケリー，G.により開発された**役割構成レパートリー・テスト**を用い，個々人の**認知的複雑性**が測定できるとした。このテストは，① 22 人(図のバージョンでは 19 人)の具体的な知己を役割人物として想定する，②定められた三人の人物の組み合わせについて(図中○印)，二人が似ている点(construct に記入)，一人が異なる点(contrast に記入)を考える。③すべての construct-contrast 対が，すべての人物にあてはまるか否かの評定を行う(二肢選択，五段階・七段階で評定してもよい)，という方法で実施される(**図 3･1** 参照)。

認知的複雑性の高い個人は，他者を多様な側面から認識しており，他者の行動予測や，矛盾した情報の統合を上手に行う。この考え方は，2 章で紹介した「自己複雑性」の概念とも関連をもち，認知的情報処理の個人差に関する研究の基盤となっている。

一方で，暗黙の性格観研究は，人々に共有される認知次元の抽出にも関心を向けてきた。たとえば，先にあげたローゼンバーグらは(Rosenberg & Sedlak, 1972)，パーソナリティ特性用語間の関連評定を基盤とする多次元尺度構成法による分析をもとに，主要な認知次元として，「社会的望ましさ」と「知的望ましさ」の 2 次元を抽出している。また本邦では，林(1978)により抽出された「個人的親しみやすさ」「社会的望ましさ」「力本性(力量＋活動性)」という 3 次元が対人認知の基本 3 次元として多くの研究で用いられてきた。

さらに，ゴールドバーグ(Goldberg, 1981)によって提唱された**ビッグ・ファイブ**と呼ばれるパーソナリティの基本 5 因子も，ノーマン(Norman, 1963)をはじめとする対人認知研究の成果を取り入れた結果として知られている。ゴールドバーグは，「日常生活で重要な意味をもつ特性用語はすべて言語化されている」とする「基本辞

22 同一視	21 補償	20 欲求	19 両親	18 達成	17 同胞	16 仲間	15 競合Ⅱ	14 競合Ⅰ	13 配偶者	12 脅威	11 親切	10 姉妹Ⅱ	9 兄弟	8 父親	7 母親	6 姉妹Ⅰ	5 家族	4 親しさ	3 誘因	2 権威	1 価値	組み合わせの論理的根拠	↑役割人物（該当する人物がいない場合は，できるだけその役割に近い人物を選ぶ）	↑具体的な人物名
○					○																	1	自分	
			○					○							○		○				✓	2	お母さん	
			○				○							○			○				✓	3	お父さん	
					○					○			○				○				✓	4	兄弟	
					○						○	○				○					✓	5	姉妹	
○							○	○	○									○			✓	6	配偶者	
	○						○	○										○			✓	7	以前の恋人	
○		○				○												○			✓	8	親しい友人	
		○				○				○					○							9	以前の友人	
												○	○						○			13	あなたを嫌う人	
											○								○			14	力になりたい人	
			○						○	○												15	不愉快な人	
		○				○													○		✓	16	ひきつけられる人	
	○														○	○				○	✓	17	影響された先生	
	○											○	○							○		18	嫌いな先生	
				○										○						○		19	上司	
				○										○							○✓	20	成功した人	
									○							○					○✓	21	幸福な人	
				○							○										○	22	道徳的な人	
																					（例）温かい	Construct		
																					冷たい	Contrast		

（注）本図では「1. 価値」を示す 20，21，22 の 3 人の役割人物の組み合わせについて，20，21 は「温かい」人物だが，22 は「冷たい」人物であるとの回答がなされたことを示している。また「✓」は「温かい」があてはまる人物であると評定されたことを示す。役割人物の 10 ～ 12（牧師，医師，近所の人）は省略されている。

図 3·1　役割構成レパートリー・テスト

出典）Kelly (1955) をもとに作成，堀毛 (2009)

書仮説」をもとに，辞書に掲載されている性格特性用語を丹念に抽出・分類し，結果から，「**神経症傾向**(情緒安定性)Neuroticism: N」，「**外向性**(内向性)Extraversion: E」，「**開放性** Openness: O」「**調和性** Agreeableness: A」，「**誠実性** conscientiouness: C」という5因子をパーソナリティの主要な構成因子とした。

5因子説は，さまざまな語圏における辞書分析でも同様の構造が抽出されたこと，またコスタとマックレー(Costa & McCrae, 1992)により開発されたNEO-PI-Rという5因子特性の測定道具が多数の国々で翻訳され，文化に共通する5因子構造が抽出されたことにより，パーソナリティを構成する基本構造として，おおむね受け入れらることになった。ただ，3因子や6・7因子であるとする指摘もあり，とりわけ，ビッグ・ファイブの考え方を踏襲しつつ，6番目の因子として「正直さ－謙遜」を取り入れ，5因子構造を検討しなおしたHEXACOモデルを利用する研究も数多くみられる(Ashton & Lee, 2007)。また，ロバーツら(Roberts et al., 2006)は，ビッグ・ファイブの経年的変化や性差に着目し，20代から60代に至る得点を検討した結果，調和性や誠実性では，得点が年代と共に上昇すること，一方，神経症傾向は特に女性において年代と共に低下すること，また開放性以外の得点では一貫して女性の得点が男性の得点を上回ることを明らかにしている。さらに，文化による相違がみられることも指摘されており，たとえば日本では辻を代表とするFFPQ研究会(1998)による独自な5因子性格検査が開発され利用に供されているし，誠実性，外向性，調和性に関しては通文化的一般性が認められるが，情緒安定性と文化(知性)因子は共通性を欠くとする指摘もある(DeRaad, 2002)。

3-2 帰属理論

(1) 帰属と帰属理論

印象形成研究では，主として性格形容詞をもとにした研究が進められてきた。一方で，他者について推論を行う際に用いられるもっとも一般的な手がかりは，他者の行動そのものである。ハイダー(Heider,1958)は，この点に注目し，われわれが他者の行動を含む事象を観察すると，そこには何らかの原因があると認知し，その原因を人(個人的因果)か環境(非個人的因果)に求めると考え，このような推測の過程を**帰属**(attribution)と名づけた。ハイダーの考え方は，科学的なアプローチばかりでなく，人間の常識的な理解のしかたを重視するという意味で素朴心理学(naive psychology)と呼ばれており，ケリー, G. の「人間は皆科学者」とする主張に通じるものがある。ハイダーは，事象が行為者自身のパーソナリティや態度に帰属される場合を「内的帰属」，それ以外の環境的・状況的要因に求められる場合を「外的帰属」と呼び，責任の帰属などを例に解説を行い，帰属理論の基本的立場を形作った。

ハイダーの考え方は，ジョーンズとデイビス(Jones & Davis, 1965)による**対応推測理論**(correspondence theory)や，ケリー(Kelley, H. H., 1967)による**共変モデル**(covariance model)により精緻化された。このうち「対応推測理論」では，他者の行動が内的に帰属される条件について検討がなされ，①その行動が人物の自由意志によって選択され，②行動の社会的望ましさが低く，③快と関連するとみなされ，④自分に対する影響力が大きく，⑤行動意図に関する「非共通効果(他の比較対象と異なる要因)」の数が少ないと推

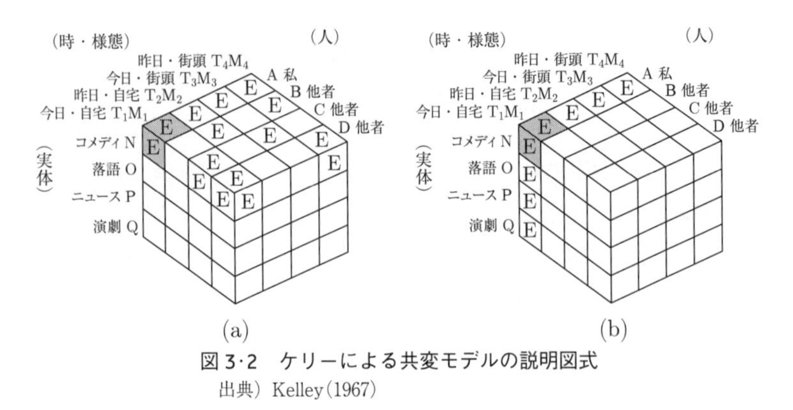

図 3·2　ケリーによる共変モデルの説明図式
出典) Kelley (1967)

測されるほど，内的な属性への高い対応を生みやすいとする考え方が提唱されたが，推論が内的帰属に限られるという批判がなされた。

一方，「共変モデル」では，内的帰属とともに外的帰属も取り扱えるような理論化が図られた。このモデルでは，帰属の原因を，人，実体，時間・状況という3つの次元に求める。人の次元は，個人の反応が他者の反応と同じかどうかという「一致性」に関する情報をもたらす。実体の次元は，ある存在物が他の存在物と同じ反応をもたらすかどうかという「弁別性」情報をもたらす。時間・状況の次元は，ある反応が，時間や状況を通じて同じかどうかという「一貫性」情報をもたらす。こうした情報は，**図 3·1** に示した立方体として整理され，たとえば一致性高(皆が)，弁別性高(特定の存在物に)，一貫性高(いつでも・どこでも)同じ反応(たとえば笑い)をするような場合は，その原因は実体に求められることになる(外的帰属：**図 3·2 (a)**)。また一致性低(私だけが)，弁別性低(何についても)，一貫性高(いつでも・どこでも)反応する場合，その原因は個人の特質に求められることになる(内的帰属：**図 3·2 (b)**)。さらに，一致性高(皆が)，弁別性低(何についても)，一貫性低(今日・自宅でのみ)反応する場合には，時／様態すなわち状況要因への外的帰属がなされることになる(McArhur, 1972)。

加えてケリー, H.は，複数回の事象の生起が必要とする共変モデルへの批判に答え，1回限りの帰属にも適用できる割引原理・割増原理という考え方も提唱している。**割引原理**(discounting principle)とは，原因とみなされる要因が1つだけの場合に比べ，複数あるとそれぞれの原因としての重要性が割り引かれること，**割増原理**(augumentation principle)とは，促進的な原因のみが存在する場合に比べ，抑制的な原因が同時に存在すると，促進的原因への帰属がより重みを増すことを示す(Kelley, 1972)。ケリー, H.は，人の多様な行動の帰属を，こうしたモデルや原理により合理的に説明できると考えた。

(2) 帰属バイアス

帰属研究が進展するにつれて，理論的な予測と現実の帰属が，必ずしも一致しないことが明らかになってきた。たとえば，人の行動は，状況等の外的な原因よりもパーソナリティ等の内的な原因に帰属されやすい。こうした現象は対応バイアス(correspondence bias：Jones, 1979)とか**基本的帰属錯誤**(fundamental attribution error：Ross, 1977)と呼ばれている。対応バイアスが生じる原因の一つは知覚的な目立ちやすさ(perceptual salience)にあると考えられている。たとえば，討議などで誰が中心的役割を果たしていたかを問うと，自分が最も観察しやすかった人が中心になっていたとする判断がなされやすい(Taylor & Fiske, 1975)。一般的な帰属に関しても,人の行動は目立ちやすいが状況的要因は目立ちにくいために,対応バイアスが生じやすくなると考えられている。関連するバイアスとして，行為者は外的帰属を，観察者は内的帰属をしやすい傾向がみられるという**行為者－観察者効果**(actor-observer effect)と呼ばれるバイアスの存在もしばしば指摘される(Jones & Nisbett, 1972)。また，対応バイアスには文化差がみられ，東洋では，文脈などの状況的要因を考慮した帰属がなされやすいことも指摘されている(Miyamoto & Kitayama, 2002)。この他，ポジティブな結果は内的に，ネガティブな結果は外的に帰属されやすい傾向(**自尊バイアス**: self-serving bias)や，自分の意見や貢献が一般的なもので他者も同様に他者考えるとする傾向(**合意バイアス**：false-consensus bias)などがみられることも指摘されている。フィスクとテイラー(Fiske & Taylor, 2007)は，こうした自己関連のバイアスを素朴実在論(naive realism)としてまとめ，自分こそが社会をあるがままに見ているという信念として論じている。

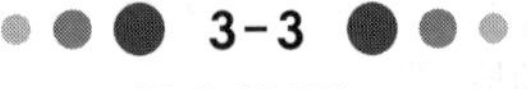

3-3 社会的認知

(1) 社会的認知の基盤

1980年代に入ると，認知心理学の進展の影響を受けて，**社会的認知**(social cognition)研究が盛んに行われるようになった。社会的認知研究とは，「認知構造や認知過程を調べることにより社会心理学的な現象を理解しようとする概念的・実証的なアプローチ」(Sherman et al., 1989, p.282)とされ，①認知的基盤にダイレクトな関心を向けていること，②理解の手段として情報処理モデルを援用していること，③心理学の他領域との共通性が高いこと，④応用的

表 3·1　社会的認知研究の背景にある人間像の変化

社会的思考者モデル	時期	動機のおもな役割	認知のおもな役割	関連理論
一貫性追求者モデル	1950〜1960 年代	認知的不一致による不快の低減	行動・信念の認知	態度の不協和理論
素朴科学者モデル	1970 年代	予測とコントロール，合理性の付与	初期の合理的な分析	帰属の因果モデル
認知的倹約家モデル	1980 年代	速くて適切な理解	ショートカット，節約，制限容量	ヒューリスティックな意思決定
動機づけられた戦略家モデル	1990 年代	社会的文脈における行動のための思考	相互作用目標，認知方略の洗練	二過程モデルとりわけステレオタイプ化における
駆動される行為者モデル	2000 年代	社会的生存と社会的反映	自動的な感情と行動	潜在連合

出典）Fiske & Taylor(2008)，宮本他(訳)(2013)

関心が高く，特定の研究領域よりもアプローチを意味すること，などの特徴を有する(Devine et al., 1994)。フィスクとテイラー(Fiske & Taylor, 2008)は，研究の背景にある人間像が，「一貫性の追求者(1950〜60 年代)」，「素朴な科学者(1970 年代)」から，「認知的倹約家(1980 年代)」，「動機づけられた戦略家(1990 年代)」，「駆動される行為者(2000 年代)」へと変化していったと指摘している(**表 3·1**)。

社会的認知の基盤にある知識構造は，**スキーマ**(schema)と呼ばれる。マーカス(Markus, 1977)は，自己に関連する知識体系を自己スキーマと名づけ，自己スキーマによって自己に関連する情報処理が影響を受けること，たとえば自己規定に関連する情報は他の情報より素早く処理される(例：自分は独立心が強いと認知していると独立心関連語の処理が早くなる)ことなどを示した(2-2 節参照)。スキーマは，自分をとりまく世界に関する知識体系として一般化されており，人物スキーマ，役割スキーマ，イベント・スキーマなど多様な種類が仮定されている(Fiske & Taylor, 1984)。

スキーマが活性化されると，スキーマに添った情報処理が行われる。たとえばコーエン(Cohen, 1981)は，図書館司書とウエイトレスという2種類の職業に関連する情報を整理し，それぞれの特徴を半数ずつ取り入れたVTRを作成した。そのうえで，被験者に司書またはウエイトレスという情報を与え職業スキーマを活性化させた後に，VTRの視聴，記憶の再生を行ったところ，スキーマに合致する情報が多く再生された。またヒギンスら(Higgins et al., 1977)は，第一実験で色名呼称を求めながらポジティブな単語(例：冒険的な)もしくはネガティブな単語(例;むこうみずな)を覚えるよう教示し，第二実験として「冒険的」とも「むこうみず」ともとれるドナルドという人物の印象を評定させたところ，ポジティブ条件とネガティブ条件で，印象に明確な差(ポジティブのほうがよい印象)がみられた。こうした研究手続きは**プライミング**(priming)と呼ばれ，直近の刺激の処理が後続の情報処理に影響を与える現象として理解されている。また，スキーマには不足する情報を補完する機能があることも実験的に確かめられている。

さらに，ヒギンズ(Higgins, 1996)は，特定の概念やスキーマの活性化について，いくつかの用語を区別している。まず個々人の記憶や知識体系の中にスキーマが存在することを**アベイラビリティ**(availability：利用可能性)と呼ぶ。その中からプライミング等によって特定のスキーマの活性化ポテンシャルが高まることを**アクセシビリティ**(accessibility：アクセス可能性)の高まりと呼ぶ。さらにアクセスされたスキーマが，その事象に適用可能なものでなければ情報処理の活性化は生じない。こうした適用可能性は**アプリカビリテ**

ィ(applicability)と呼ばれる。さらに人によってアクセスされやすい概念やスキーマには相違がみられる。ヒギンズはこれを**常用的コンストラクト**(chronically construct)と呼んでいる。こうした考え方は先に論じたアッシュやケリー, G.の古典的な研究成果を，社会的認知論的な枠組で把握し直すための概念的な整理と捉えることもできる。

(2) 二重処理モデル

社会的認知研究の関心は対人的な情報が処理される過程にも向けられてきた。こうした情報処理過程に関する研究としては，ブルーワー(Brewer, 1988)の**二重処理**(dual-process)**モデル**や，フィスクとニューバーグ(Fiske & Neuberg, 1990)による**連続体モデル**がよく知られている。二重処理モデルでは，刺激人物に関する情報がもたらされると，既有の人物表象との照合がなされ，関連性がなければそこで判断が停止され, 新たな刺激人物に関心が移行するとされる。こうした処理は**自動処理過程**と呼ばれ，デフォルトとして機能する処理過程として位置づけられている。一方，関連性があると判断されると, 処理は**統制処理過程**に移行し，自分に関わりの深い人物(自己関与あり)と判断されれば，既有の表象と比較した認知がなされることになる(個人化過程：今日の○○さんは・・)。一方，関わりのない人物(自己関与なし)と判断された場合には，既有の一般的な人物カテゴリやタイプとの比較がなされ，そのいずれかに合致する場合は，該当するタイプとして判断が停止され，一致がみられない場合は，新たなカテゴリ化が生じる(個別化過程)。また，フィスクらの「連続体」モデルでは，自動処理過程と統制処理過程を一つの連続体の中に位置づけた処理過程として整理している(図 3·3)。

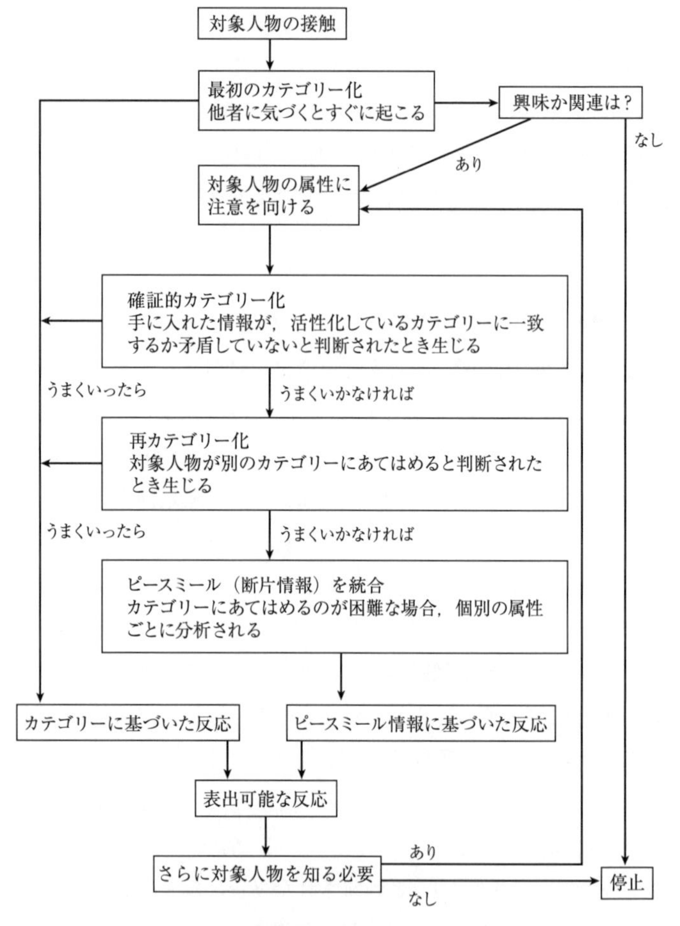

図 3·3　印象形成の連続体モデル

出典）Fiske & Neuberg (1990)，植村 (2000)

帰属過程に関しても同様の二過程モデルが適用できることが指摘されている。ギルバート (Gilbert, 1998) は，人はある行動を観察するとそれを内的な原因に自動的に帰属すると考えた(第一段階)。認知資源(時間，エネルギー，動機づけなど)が利用できるときには，状況など外的要因も取り入れてその帰属の調整が行われる(第二段階)，しかし，認知資源が利用できない場合には，第一段階で判断が停止され，結果的に対応バイアスが生じるとした。

最近の研究の関心は，2つの過程のうちデフォルトとして位置づけられている自動処理過程の特質の解明に向けられている。カーネマン(Kahneman, 2011)によれば，自動処理過程(カーネマンは**システム1**と命名している)の特質は，「自動的で高速で働き，努力は全く不要か必要であってもわずかである。自分のほうからコントロールしている感覚は一切無い」(村井訳, 2014)こと，統制処理過程(**システム2**)の特質は，「困難な知的活動にしかるべき注意を割り当てる。代理，選択，集中などの主観的経験と関連づけられることが多い」(同上)とされている。また，アンダーセンら(Andersen et al., 2007)も，自動処理に，①処理過程に関する気づきの欠如，②認知的資源の利用を最小に止める効果的処理，③意図の欠如，④統制不可能性，という4つの側面が含まれることを指摘したうえで，それぞれの過程についての検討の進捗を詳細に論じ，対人的な情報処理を考えるにあたっては，合理的な社会的判断過程ばかりでなく，これらの自動過程の特質を検討することが重要であると論じている。また，フィスクとテイラー(Fiske & Taylor, 2008)は，2つの過程の特質を**表3·2**のように整理している。

自動処理がデフォルトとなる理由としては，認知的倹約説が主流とされてきた。これは，外部環境からはたえず膨大な量の情報が入ってくるが，われわれが一度に処理できる情報量はきわめて限られているため，できるだけ認知資源を節約し自動処理に依存すること

表 3･2　自動過程と統制過程の種類

モード	定義
純粋な自動性	知覚されていないところで生じる非意図的，非統制的，効率的，自律的な反応
サブリミナル・プライミング，または前意識	プライム刺激が感覚に影響するが，プライム刺激自体にも，プライム刺激が反応に及ぼす影響にも気がついていない。文脈に依存している
意識的プライミング，または後意識	プライム刺激に気がついているが，それが反応に及ぼす影響については気がついていない。文脈に依存している
常同的アクセスビリティにおける個人差	常同的にプライミングされているように，特定のカテゴリーや概念によって前意識的または後意識的に習慣的に処理される。人（役割，パーソナリティ，文化，練習－手続き化とよばれる過程）に依存している
目標依存的な自動性	意図的な統制が過程を始動させるが，知覚すること，達成過程を監視すること，または特定の結果を意図することはない 目標依存的な自動性の意図しない効果には思考抑制の失敗や望ましい反芻を含む
意図	複数の選択肢があること（特に難しい選択をした時に明確になる），意図した反応に注意を向けることが必要となる
意図的意思	思考が行為に先行し，行為と一致し，行為を説明する時に経験される
意識	報告可能な思考である。思考は行動と一貫している。進行中の心的過程とは無関係の付随現象である。心的過程を指示する実行部である。意図の必要条件である。アクセス可能な概念から構成される。学習と解決にかかわる。外的世界に対して優位となる思考、情動経験、身体感覚から構成される
純粋な統制	意識的な知覚の中での意図的反応

出典）Fiske & Taylor(2008)，宮本他訳(2013)を一部改変

により，重要な対応を求められたときの統制処理に備えるためとする考え方である。一方で，先に論じた「動機的戦略家」や「自動活性活動家」としての人間観に基づき，所属，理解，統制，自己高揚，内集団への信頼という5つの欲求や関連する目標によって，自動処理と統制処理が使い分けられる可能性も示唆されている（Fiske & Taylor, 2007）。

（3）潜在的認知

自動処理過程への注目は，これまで科学的な研究の対象となってこなかった，フロイト（Frued, S.）の提唱する「無意識」への関心をもたらした。こうしたアプローチのきっかけをもたらした研究としては，先に紹介したヒギンズら（Higgins et al., 1977）のプライミング実験や，サブリミナル（閾下）呈示により，アフリカ系アメリカ人への潜在的な偏見の存在を立証したディバイン（Devine, 1989）の研究が著名である。こうした中で，グリーンヴァルトら（Greenwalt et al., 1998）は，潜在的な認知の研究方法として，潜在的連合検査（IAT: Implicit Association Test）と呼ばれる検査を開発した。この検査は，たとえば「花」，「昆虫」，「快」，「不快」に属する複数の単語について，「花－快」・「昆虫－不快」という一般的に整合する単語ペアに対する反応時間と，「花－不快」「昆虫－快」という一般的に不整合な単語ペアに関する反応時間の差をとることにより，4つのカテゴリの潜在的な結びつきの強さを計量的に検討しようとする試みである。「花」，「昆虫」を「黒人」，「白人」に入れ替えて考えれば，潜在的ステレオタイプの測定に用いることができるとする主張がよく理解できるだろう。この手法を用いた研究は短期間に急増し，ステレオタイプや偏見・態度ばかりでなく，自己認知や自尊感情などの研究にも応用されている(7-2節も参照)。本邦での関連研究の成果は，潮村(2016)などに詳しい。

(4) 文化と社会的認知

さらに，最近の文化心理学の研究の進展にともない，社会的認知の背景にある事象解釈のしかたや世界観の相違を取り上げた研究も数多く展開されている。こうした研究のきっかけを作ったのは，マーカスと北山(Markus & Kitayama, 1991)の文化的自己解釈に関する論考である。このなかで，マーカスらは，西欧の自己解釈・自己観と東洋の自己解釈・自己観には基本的な相違があると主張した。西欧の自己観は，**相互独立的自己観**と呼ばれ，自己は，他者や状況とは切り離された実体であることが強調され，性格や動機など主体の属性によって定義されるものとみなされる。東洋の自己観は，**相互協調的自己観**と呼ばれ，自己は他者や状況と切り離すことのできない存在とみなされ，他者や状況との関係性の中で定義される。**図3・4**には，この考え方の違いを示した。相互独立的な自己は明確な境

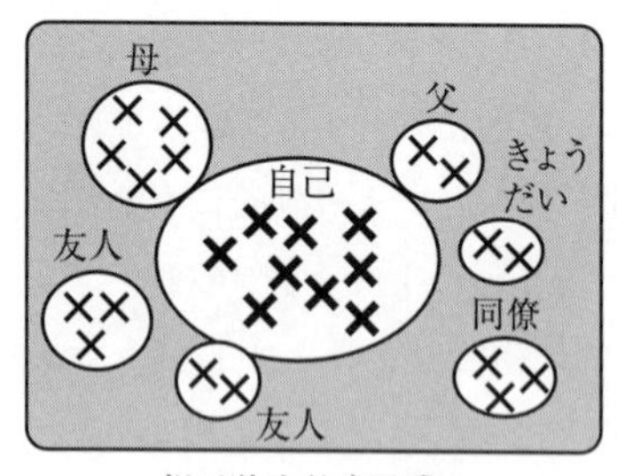

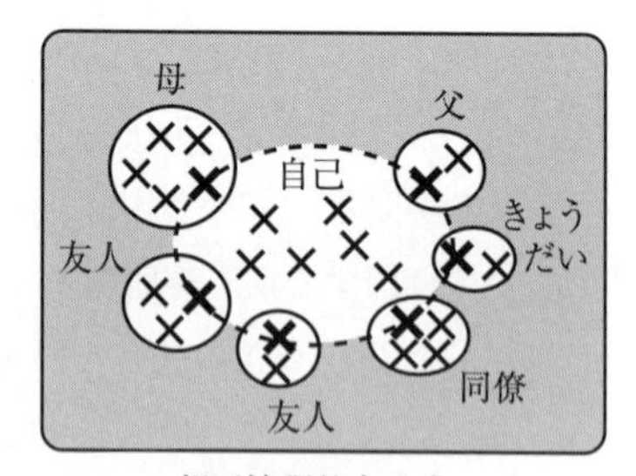

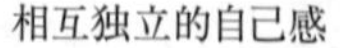
相互独立的自己感　　　　相互協調的自己感

図3・4　文化的自己観の相違

出典)　Markus & Kitayama (1991), 池上・遠藤(2008)

界をもつのに対し，相互協調的な自己は，他者との関係において明確な自己が認識されることが示されている。

こうした自己解釈の影響性は，単純な認知的な処理にも影響を与えているとされる。たとえば北山ら(2003)は，「枠の中の線課題」において，西欧人は枠の影響を受けず，線の長さに着目した課題を得意とするのに対し，東洋人は枠対線の比率が等しい課題を上手にこなすことを明らかにしている。また，ニスベットら(Nisbett et al., 2003)も，西欧人の世界観は分析的であり，安定した普遍的特徴によるカテゴリー化を行い，環境を越えた行動の概括的なルールの探求を行うべく，状況や文脈から独立した認知を得意とするのに対し，東洋人は全体的な世界観をもち，認知対象を文脈から切り離すことができないものとみなし，人も事物もより大きな全体の一部としてとらえる見方をすると指摘している。こうした文化による社会的認知の枠組の相違は，本シリーズ専門編で増田・山岸(2010)が詳細に論じているのでご参照いただきたい。1-3 節で取り上げた「文化と心の相互構成」という主張(北山，1997)も，こうした論議を背景としている。

まとめ

- ❏ 他者に関する情報処理研究は，印象形成研究から始まって，帰属研究を経て，社会的認知研究へと発展してきた。
- ❏ 印象形成研究では，主として特性形容詞を用いた研究により，「素朴な認知者」としての認知様式の特徴が検討されてきた。
- ❏ 帰属研究では，人の具体的な行動からの合理的な推論過程が検討されたが，一方で帰属バイアスなど，認知的な偏りの存在もあきらかになった。

❑ 社会的認知研究では，認知心理学的な研究手法を取り入れ，反応時間などを用いた実験的研究手法が中心となった。その影響力は広範にわたり，今日の社会心理学の主流となっている。

より進んだ学習のための読書案内

Fiske, S. T. & Taylor, S. E. (2008). *Social cogniton: From brains to culture*. McGraw-Hill. (宮本聡介・唐沢　穣・小林知博・原奈津子(編訳)(2013).『社会的認知研究—脳から文化まで』北大路書房)

☞社会的認知研究の定番となる教科書の翻訳であるが，Part Ⅰ「社会的認知の基本的な概念」(2章〜4章)，Part Ⅱ「社会的認知のトピック—自己から社会まで—」(5章〜15章)の2部に分けて，多様なトピックスをわかりやすく解説しており，この領域の研究に関する必読書となっている。

課題・問題

1. 社会的認知研究の発展にともなう人間観の変化を示した表の内容について詳細に検討してみよう。

2. ケリーの考案した「役割構成レパートリー・テスト」について具体的な方法を調べ，自分で実践してみよう。

3. 潜在的連合検査のサイトにアクセスし，自分で体験した感想をまとめてみよう。

4章

対人関係の形成と発展

親密な人間関係の心理学

◖キーワード◗
親和欲求，対人魅力，SVR 理論，社会的交換理論，親密な人間関係，恋愛，愛着，進化心理学，関係性高揚，対人ストレス，ソーシャル・サポート

人は一人では生きていけない。たとえば，衣・食・住に関するものを一人で全て一から用意することはできず，生きていくためには他の人の手を借りるしかない。しかし，そのような物理的なことだけではなく，心理的にも人は一人では生きていけない。人は誰かとつながっていたい，誰かと関わりを持っていたいと心理的に願う生き物なのである。本章では，人が他者に惹かれ，関係を形成・発展させ，親密な関係性を築いてゆく過程について解説する。

4-1
対人関係の発展

(1) 親和欲求と所属欲求

人間はさまざまな欲求をもっている。2章で紹介されたマズロー(Maslow, 1954)の欲求階層論(p. 25参照)では，人間の行動を動機づける欲求を，生理的欲求，安全と安心の欲求，所属と愛の欲求，承認の欲求，自己実現の欲求という5つに分類した。そして，これらは階層構造をもち，下位の欲求が充足されると上位の欲求が出現するとした。またマレー(Murray, 1938)は，欲求の充足に他者が関わるような欲求を社会的欲求と呼び，社会的欲求として親和欲求，承認欲求，攻撃欲求，支配欲求などさまざまなものを挙げている。こうした社会的欲求のなかでも，**親和欲求**(affiliation need)は対人関係を築く上で重要なものとして捉えられている。

親和欲求とは，他者との間に友好的な関係を成立させ，それを維持し，損なわれたときには回復しようという欲求である(Atkinson et al., 1954)。シャクター(Schachter, 1959)は，人は不安が高められると親和欲求が刺激され，他者との接触をより図ろうとするようになるという仮説を立て，実験を行った。電気ショックの効果に関する実験と称し，高不安条件の参加者には電気ショックはかなりの痛みを伴うと述べることで不安を強く喚起させ，低不安条件の参加者には電気ショックは非常に弱いものでほとんど感じない程度であると述べた。その上で，実験開始までの時間を個室で過ごすか，他者と一緒の大部屋で待つか，どちらでも構わないかを選択させたところ，高不安条件の参加者は低不安条件の参加者よりも大部屋を希望する者が多いことが確認された。つまり，シャクターの仮説は支持された。こうした結果からも，人は親和欲求を満たすために，他者との接触という対人関係の端緒を開くようになることがわかる。

さらに，人間の基本的な欲求の一つとして**所属欲求**（need to belong）と呼ばれるものもある。所属欲求とは，社会集団に所属しその位置を確保し続けたいという欲求であり，人間の最も根源的な欲求であるとされている（Baumeister & Leary, 1995）。つまり，人は他者と良好な関係を築こうとしたり，何らかの関係性や集団に所属しようとしたりすることを望む欲求を兼ね備えている（Leary & Baumeister, 2000）。

こうした欲求から，もし一度つながった人との関係が居心地の悪いものでなければ，その関係を続けたい，もしくはもっと親しくなりたいと考えるようになる。こうして人は他者との関係を築き始めるのである。

(2) 関係初期の魅力

対人認知研究が発展する一方で，1960 年代の終わり頃から，対人関係に焦点をあてた研究が展開されるようになった。対人関係とは，「互いを知る人々の間に生じる，行動的，認知的，感情的側面を包含する一連の相互作用」（Hinde, 1979），あるいは「互いにインパクトを与えあい，一方に生じた変化が他方の変化の原因となるという相互依存性を感じている関係」（Kelley, H. H. et al., 1983）として定義される。こうした側面に関心が集まった背景としては，離婚の増加等，人間関係に関する当時の社会問題への対処の必要性があったとされている。

対人関係研究は，関係性の初期に焦点をあてた**対人魅力**研究としてスタートした。対人魅力研究では，関係の発展をいくつかの段階に分け，それぞれの段階における魅力の構成要因を実験的に検討する研究手法が好まれ多くの成果をもたらした。ここでは，マースタイン（Murstein, 1970）の**SVR 理論**に基づき，関係の発展を3段階に分け，各時期の魅力の規定因に関して簡潔に解説する。

関係の初期には，自分に**刺激**（stimulus: SVR の S）を与えてくれる人物に好意を感じる。**身体的魅力**はその最たるもので，ウォルスターら（Walster et al., 1966）の大学新入生を対象としたブラインド・デート研究等により，関係初期には身体的魅力の高い人物がデートの相手として選択されやすいことが明らかにされている。容姿やスタイルの美しさが魅力につながる理由を説明する考え方としては，美しい人は性格もよいと考える（美的ステレオタイプ），美しいものを目にすることが日常的な幸福感を高める（審美論），美しい人と一緒にいることで自分の社会的地位が高まる（社会的交換），美しい人と結婚できれば子どもも美しくなり，自分の遺伝子を残す可能性が高まる（進化心理学）など，さまざまな考え方が提唱されている。また，カニングハム（Cunningham, 1986）は，大学のアルバム等で美男美女と評定された人物の顔写真を分析し，女性の場合は目や瞳が大きいこと，鼻や顎が小さいこと，頬骨が高く頬が小さいことなどが魅力につながり，男性の場合は目や顎の大きさや頬骨の高さが魅力をもたらすことを示している。こうした基準は文化によって異なるとみなされがちだが，メタ分析の結果は文化内でも文化間でも共通性がみられ，さらに魅力的な人物はポジティブに評価され，ポジティブに取り扱われ，ポジティブな行動をとるとみなされることも示唆されている（Langlois et al., 2000）。

関係初期の魅力としては，この他，**近接性**（近くにいる人を好きになりやすい），**単純接触効果**（何度も目にするものを好きになりやすい)や，社会的な評判のよさ，会話のスキルなどが取り上げられ，友人関係・異性関係を通じ初期の魅力の規定因となることが実証されている。

(3) 関係発展・安定期の魅力

関係の発展期には，**自己開示**と**類似性**が重要な意味をもつ。会話の中で自己開示を行い，互いの類似点を見出し，それを手がかりにしてさらに会話を発展させることがこの時期の重要なスキルとなる。とりわけ重要なのは，SVR 理論の V(Value)で示される価値観や意見の類似性である。類似性が魅力につながることは，バーンとネルソン(Byrne & Nelson, 1965)等の研究で明らかにされてきた。バーンらは，参加者にさまざまな項目数からなる態度尺度に回答させた後，その回答とそれぞれ類似比の異なる架空の回答を作成し，そのような回答を示した人物への好意を評定させた。その結果，類似度と好意との間には直線的な関連があり，類似度が高まるほど好意も上昇することが示された。こうした類似性の効果は，パーソナリティや対人関係のスタイル，関心や経験など広範囲にわたり魅力につながることが明らかにされている。また，相手に好意をいだくほど類似性が高まるという逆の関係性があることも確認されている(**装いの類似性**：assumed similarity)。関係発展期の魅力としては，この他にも**社会的承認**(自分を好きになってくれる人；認めてくれる人を好きになる)，社会的に望ましい特性をもつこと，尊敬できることなどが重要であることが指摘されている。

関係の安定期には SVR の R に示される互いの**役割**(Role)の重要性が増すとされる。とりわけ互いに自分にない部分をもち，相互に足りない部分を補いあっているとする**相補性**の感覚は関係の安定性にとって重要な要因のひとつと考えられる。また周囲に関係をサポートする役割をもつ存在がいることも関係の安定性に寄与する。一方で，異性関係の場合，強固な反対者がいることが絆を強くする場合もある(ロミオとジュリエット効果)。

4-2
親密な人間関係

(1) 親密な人間関係研究

対人魅力研究が進むにつれ，研究者たちは次第に長期的な関係性に関心を向けるようになった。こうした研究は**親密な人間関係**(close relationships)研究と呼ばれ，恋愛関係や夫婦関係を対象に数多くの研究が進められてきた。

恋愛関係については，ルービン(Rubin, 1970)による熱愛尺度の考案や愛情と友情の区別に関する研究をきっかけに，さまざまな研究が行われるようになった。そのひとつとして，愛情のタイプに関する研究がある。ハットフィールド(Hatflield, 1988)は，恋愛について，熱愛と友愛が区別できることを示した。**熱愛**(passionate love)とは，生理的覚醒状態をともなう熱い感情を意味し，相手の前での羞恥，気分の不安定さ，相手への関心の限定，相手の理想化など，リマレンス(きらめき)と呼ばれる感情状態を特徴とする。**友愛**(companionate love)とは，穏やかな親密感を意味し，互いに深い絆を感じ合っている状態を意味する。また，スタンバーグ(Sternberg, 1986)は，恋愛の三角理論として，情熱，親密さ，決意という三側面をバランスよく保っていることが重要であると指摘し，それぞれを測定する尺度も開発した(Sternberg, 1997)。さらに，ヘンドリック

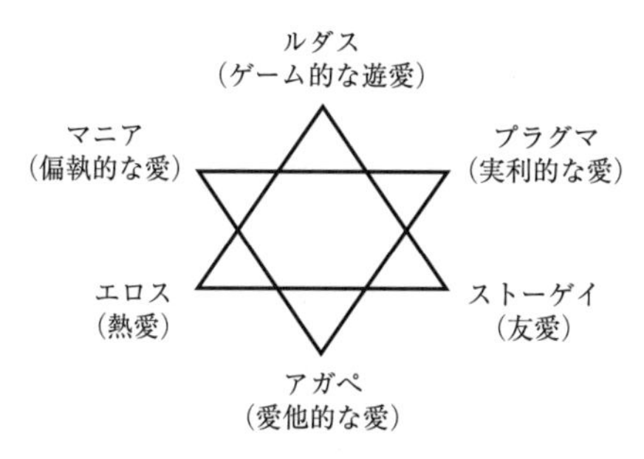

図 4·1　愛の色彩理論
出典）松井(1993)を一部改変

とヘンドリック(Hendrick & Hendrick, 1986)は，リー(Lee, 1973)の研究を基盤に，熱愛・友愛を含む恋愛の 6 つの類型を提唱し(愛の色彩理論，**図 4·1**)，それぞれの測定尺度(LAS: Love Attitude Scale)も開発している。6 つの類型とは，エロス(熱愛)，ストーゲイ(友愛)，ルダス(ゲーム的な遊愛)，アガペ(愛他的な愛)，マニア(偏執的な愛)，プラグマ(実利的な愛)とされる。松井(1990, 1993)は，この尺度の日本語版(LETS-2)を作成したうえで，それぞれの類型尺度の得点に性差がみられ，男性は熱愛・愛他愛・偏執愛に関する得点が高く，女性は遊愛・実利愛の得点が高くなる傾向をもつことを示している。

90 年代に入ると，親密な人間関係に関する理論的基盤として，愛着理論や進化心理学的立場による説明が重視されるようになった。**愛着理論**は，ボウルビィ(Bowlby, 1969)によって提唱された考え方で，母子関係を基盤とした他者との心理的な結びつきを**愛着**(attachment)として重視する。愛着は，幼児のもつ気質や養育者との相互作用等により，安定型，不安定型，アンビバレント型という

3つのスタイルに分かれるとされる。ハザンとシェーバー（Hazan & Shever, 1987）はこうした幼児期の愛着スタイルが，成人期の親密な人間関係を規定する**内的ワーキング・モデル**（WM）として機能すると主張した。フィニーら（Feeney & Noller, 1990）の研究では，安定型は愛情の程度が高く適切な自己開示を行うのに対し，不安定型は恋愛経験が少なく，恋愛に対してネガティブ感情が強いこと，またアンビバレント型では恋愛に関し緊張や困惑が強いことが示されている（金政, 2003）。また，バーソロミューとホロヴィッツ（Bartholomew & Horowitz, 1991）は，自己に関するWMと他者に関するWMにより愛着が4つのタイプに別れることを示し，**見捨てられ不安**（自己WMに対応）と**親密性回避**（他者WMに対応）という2次元からなる測定尺度も開発されている（Brenan et al., 1998）。さらに，シェーバーとミクリンサー（Shaver & Mikulincer, 2002）は，親密な人間関係が3つのシステムから構成されるとする考えを示している。①愛着システム：脅威や危険からの防護や安全に関連し，安定的に愛されているという感覚をもたらす。②世話システム：相手の苦しみの低減やサポートに関連し，共同性の感覚や愛他的な愛につながる。③性行動システム：遺伝子の継承を意味する性行為に関連し，身体的魅力や活気，熱愛の高さをもたらす。こうした考え方も含め，最近恋愛や愛情に関するさまざまな考え方が提唱されているが，それぞれには微妙な食い違いもみられ，統一された見解が打ち立てられるには至っていない。

一方，進化心理学では，恋愛関係を遺伝子の継承と結びつけて考える。バス（Buss, 1994）は，37の文化に所属する10,000人以上の男女に，配偶者を選択する際に重視する要件は何か尋ねた。その結果，ほぼどの文化でも，女性は配偶者の経済的要因や社会的地位・

勤勉さを男性より重視し，男性は女性の容貌の美しさや処女性を重視する傾向が見られた。バスは，こうした相違を，進化論的背景をもった男女の配偶者選択戦略の相違として位置づけ，女性は確実な子育てを，男性は自分の子どもであることの確信を求めると論じ，どちらも究極的には自己の遺伝子の継承という目的から派生した戦略であると指摘している（**生殖戦略理論**：a theory of reproductive strategy）。

親密な人間関係に関しては，このほか，自他の利得や損失の比較を基盤に関係の安定性の予測を試みた社会的交換理論からのアプローチも行われてきた（次項参照）。また，スタンバーグ（Sternberg, 1998）は，愛とはどのようなものか，愛とはどうあるべきかに関する個人的な物語を収集し尺度化することにより研究を行う方法を提唱し，これを「愛の物語論的アプローチ」と名づけている。調査の結果，カップルで類似した物語を好む傾向をもつほど関係満足感が高いことなどが示されており，今後の展開が期待される。

(2) 社会的交換理論

人々が日々行う対人的相互作用をさまざまな資源の交換として考え，個人間および集団間の関係を交換過程から説明しようとする理論的立場を，**社会的交換理論**（social exchange theory）という。

対人関係を維持するか解消するかについて，**相互依存性理論**（Thibaut & Kelley, 1959）から説明することがある。相互依存性理論では，コストに対する報酬の比が個人の期待である比較水準（comparison level: CL）を上回る場合に当事者はその関係に満足をする。しかし，別の他者との関係におけるコストと報酬の比である選択比較水準（comparison level for alternatives: CL alt）が比較水準を上回った場合，現在の関係を解消してその別の他者との関係へ移行すると考えられている。さらに，選択比較水準が比較水準を下回る場合には，現在の関係に満足できていなくてもその関係にとどまるとされている。

人は基本的には報酬を多く，コストを少なくする関係を求めているが，常に自らの利益を最大にしようとしているわけではない。良好な対人関係を築いていくためには，自分と相手の利益のバランスというものが重要になってくる。アダムズ(Adams, 1965)による**衡平理論**(equity theory)では，関係に投入したコストとそこから得られる成果としての報酬の比を考え，この比が相手と比べて等しい状態を衡平(equity)とした。衡平に対して，二者間の投入と成果の比率が不均衡な場合を不衡平(inequity)とした。つまり，自分だけ投入の比率が高かったり，反対に相手に比べて成果が大きかったりする状態である。このような不衡平状態の時に，人は不満や罪悪感などの不快感情を抱き，衡平回復への動機づけが高まり，自分の投入量を変化させたり，自他の投入と成果への認知を歪曲させたりする。このアダムズの理論にいくつか修正を加え，社会的相互作用全般に関する一般理論として位置づけたのが，ウォルスターら(Walster et al., 1973)による衡平理論である。この理論でも，相手の報酬とコストと，自分の報酬とコストを比較して衡平かどうかを判断し，関係を評価するとされている。自分の「報酬÷コスト」による比率と相手の比率が等しければ衡平利得，自分の比率が相手の比率よりも大きい場合が過大利得，自分の比率が相手の比率よりも小さい場合が過小利得である。そして，過大利得の場合は申し訳ないという罪責感が生じ，過小利得の場合は不満や怒りが生じる。したがって，衡平利得の場合にその関係にも満足をするというわけである。

ところで，アーガイルとヘンダーソン（Argyle & Henderson, 1985）は，友人関係は接近-回避葛藤（approach-avoidance conflict）が当てはまる関係であり，結果的に中程度の親密な関係に落ち着くものであると述べている。人は社会的欲求をもつため他者に近づこうとするが，近づけばエゴイズムなどのため互いを傷つけることもあるというジレンマに陥る。この状態を，「ヤマアラシのジレンマ」と表現することがある。これは，互いに近づいて体を温め合いたいヤマアラシが，近づきすぎると互いの針で傷つけ合ってしまうが，離れすぎると温め合えないため，針が刺さらない程度でなおかつ温め合える適度な距離を探りそれを保とうとするという寓話に基づいている。ヤマアラシのように，もう少し踏み込んでも良いか，それとも近づきすぎただろうかなど，人も互いにとっての適度な距離感を探りながら友人などとの関係を築いている。

(3) ポジティブな関係認知

さらに，認知論的な視点からは，夫婦，家族，恋愛，友人関係等におけるポジティブな認知や帰属のしかたにみられる特質を指摘する研究が行われている。基盤となる考え方として**ポジティブ幻想**（positive illusion）と呼ばれる考え方がある。テイラーら（Taylor, 1989; Taylor & Brown, 1988）は，人が自分自身に都合のよい枠組みに従ってさまざまな事象を解釈しているという従来の知見を基盤に，「精神的に健康な人は，自尊心を高め，個人的な有能性に関する信念を維持し，将来に関する楽観的な視点を促進させるように，現実を歪めてとらえ能力を有する」と論じた。こうした能力や観点は，単なるバイアスではなく，一般的・持続的な傾向性という意味で「ポジティブ幻想」と命名されている。ポジティブ幻想は，①自己に対する非現実的なポジティブ視（自分は他の同年代の人間に比べてずっと幸せである［平均以上効果］などの認識），②個人的コントロールに関する誇張された知覚（個人的な成功に関する期待が，客観的な蓋然性を上回ること），③自己に対する非現実的なポジティブ視（自分は事故や重大な疾病にはかからないとする見方など）という3つの側面から構成されることが指摘されている。

こうした幻想を親しい他者との関係性に拡張した現象が**関係性高揚**（relational enhancement）と呼ばれる認知的傾向性である。たとえば，恋愛・婚姻関係にあるカップルは，パートナーに関し，他の関係性よりもポジティブな信念をいだきやすく（Van Lange & Rusbult, 1995），相手の理想化，特に関係初期における理想化傾向が，関係の満足感やコミットメント，愛情，信頼感を高めること（Murray et al., 1996ab；Murray & Holmes, 1997），関係の維持にポジティブに働く出来事は相手に帰属し，ネガティブな出来事は自分に帰属すること（**パートナー中心バイアス**：Bradbury & Fincham,1989）などが明らかにされている。また，ゴットマンら（Gottman, 1994, 1996; Gottman et al., 1998）は，満足しているカップルでは，お互いに向き合うことが多く，注意，支援，ユーモア，愛情を示す小さなジェスチャーを示し合うことを明らかにし，こうしたジェスチャーを，互いのつながりの保持を助ける**注意の入札**（bids for attention）と名づけ，その重要性を指摘している。これらの研究は，人間のポジティブな側面の研究を積極的に行うべきとするポジティブ心理学の研究領域としても位置づけられており（堀毛, 2010），今後の発展が期待される。

4-3 対人関係の崩壊

(1) 対人関係の崩壊とシャイネス

対人関係は良い方向に進展するばかりではなく，崩壊に向かうこともある。親密になるということは，心理的にも強い絆が形成され，培われた共有経験も多くなるが，同時にますます関係の相互依存性が高まることを意味している。相互作用の頻度も増え，多様な共行動が行われるようになり，互いの行為が互いに及ぼす影響力が大きくなる。そうすると，二人の間での対人葛藤が生じる確率も増えると考えられる。また，橋本(2005a)は，レヴィンジャー(Levinger, 1976)による相手との関係を持続させる凝集性要因の考え方から，「現在の関係(継続)コストが関係(継続)利得を上回り，かつ現在の関係利得よりも利得が得られそうな関係が存在し，この２つの関係が排他的であるならば，現在の関係は望ましくないと判断される」とし，関係が崩壊する際の理由を説明している。

対人関係の展開には，個人特性による影響も否定できない。対人関係の発展を阻害する要因の一つとして，**シャイネス**(shyness)が考えられる。シャイネスとは，対人的な評価に直面したり，あるいはそれを予期したりすることから生じる対人不安および行動の抑制によって特徴づけられる情動的-行動的症候群のことである(Leary, 1986)。シャイネスには，ある特定の場面や特定の人の前でのみ生じる状態シャイネスと，状況を越えた特性シャイネスが存在する。そして，特性シャイネスは，特定の社会的状況を越えて個人内に存在し，対人不安という情動状態と対人抑制という行動的特徴を持つ症候群とされている(相川, 1991)。つまり，シャイネスには，対人不安という感情的側面と，対人抑制という行動的側面の2つが兼ね備わっている。対人不安とは,「現実の，あるいは想像上の対人場面において，他者からの評価に直面したり，もしくはそれを予測したりすることから生じる不安状態」と定義されている(Schlenker & Leary, 1982)。シャイネスの情動的，認知的特徴としては，特に見知らぬ人や地位の高い人，新奇な場面において大きな不快と情緒的喚起を経験することなどが明らかにされている(Buss, 1980, 1991)。一方の，対人抑制という行動的特徴としては，会話を始発したり沈黙を破ったりすることが少なく，他者とのアイコンタクト回数が少ない(Pilkonis, 1977)，初対面の人との会話において，発話量が少なく，凝視されることを嫌う(Cheek & Buss, 1981)，自己開示を抑制する(松島・塩見, 2000)ことなどが明らかとなっている。つまり，松島(1999)も指摘するように，シャイネスは対人行動を遂行する上で阻害的な働きをし，人づきあいや対人関係形成の抑制を引き起こしやすい個人特性の一つと言える。

石田(1998)は，シャイな者は新たな友人と多くの相互作用を展開させることができず，しかも関係の親密性を実際の相互作用の少なさ以上に過小評価することを明らかにしている。また，栗林と相川(1995)は，シャイネスの高い人と低い人それぞれに初対面の異性である実験協力者(サクラ)と会話をさせ，その後，相手に対する評定や相手から自分がどう思われたと思うかの評定をさせるという実験を行った。その結果，サクラや第三者である観察者からはネガティブな評価をされていないにもかかわらず，シャイネスの高い人は自分は相手(サクラ)から社会的に望ましくない，親しみにくいと判断されたという自己否定的な認知をしていた。シャイな者が対人関係の開始，維持，発展に困難を抱える原因の一つには，石田(1998)の指摘や，栗林と相川(1995)の実験結果から示された自己否定的な認知といったシャイな者の認知的特徴が関連すると考えられる。その一方で，ソウマら(Souma et al., 2008)は，大学入学後の新入生を対象にして，シャイな学生がどのように友人ネットワークを拡大させるのかを検討したところ，シャイな者は周囲にいる少数の友人を社会的代理人として利用することで，不安の生起を抑制したり，初対面の相手とのコミュニケーションを手助けしてもらったりして，徐々に友人数を増やしていることを示した。つまり，シャイな者でも，ネットワークを広げる場に代理人となる友人を伴うことで自身のネットワークを少しずつ広げることができるということである。以上のことから，今後は，シャイネス自体の解消ではなく，シャイな者の認知的特徴の変容や介入方策に関する研究や，シャイな者にとってのより適応的な対人行動の取り方などに関するさらなる研究が求められる。

(2) 親密な関係の崩壊

恋愛関係や夫婦関係の崩壊に関する研究は多く存在するが，友人関係の崩壊に関する研究は多くない。それは，恋愛関係や夫婦関係と，友人関係の質の違いにもよると考えられる。恋愛関係や夫婦関係では，相手との関係を継続することが困難になった際には明確な「別れ」を宣言し，自身も関係が解消されたことを自覚するが，友人との関係を解消する際には，わざわざ「別れ」を宣言したりせず相互作用を絶ったり，関係が解消されたのか継続されているのかを自覚できなかったりすることがある。文化や制度にもよるが，恋愛関係や夫婦関係では，パートナーが一人に限定されているため関係を明確に解消しないと次のパートナーとの関係を結ぶことが難しい。それに対して，友人関係は同時に複数の他者と関係を結ぶことが可能であるため，ある他者との関係継続が難しくなった際にも，明確な関係解消行動をとらなくても別の他者との関係を新たに結ぶことは可能である。したがって，友人関係の崩壊という状態には不明瞭な部分が多いため，研究も多くないのかもしれない。このように，恋愛関係や夫婦関係と，友人関係には質的に異なる部分があるため，以下に示す恋愛関係や夫婦関係における関係崩壊時の特徴などは全ての対人関係に適用できるわけではない。しかし，類似点や共通点も多く存在すると考えられるため，いくつかを紹介する。

ノラー(Noller, 1984)によると，関係がうまくいっている夫婦は，互いに相手を肯定する発言が多く，互いの発言量も類似しており，円滑なコミュニケーションが行われていた。一方，関係がうまくいっていない夫婦は，これらと全く反対の特徴が見られることを示した。また，うまくいっていない夫婦は，あいまいで矛盾したメッセージを送る傾向があるため，これがトラブルを引き起こす原因となる。その他，視線の送り方にも違いがあり，うまくいっていない夫婦では，相手の発言を聞きながら視線を送るよりも，話しながら相手に視線を送る傾向が強かった。つまり，関係がうまくいっていない夫婦は，相手に対する信頼が低く，相手の反応に注意を向け，相手を統制しようとする動機が強いと考えられる。大坊(1992)は，関係崩壊は，相手との間に境界を引き，個別化を目指すとともに，信頼性の低下に伴って，相補的なコミュニケーション行動がとれず，拮抗した緊張の高い行動を招くと指摘している。

ラズバルト(Rusbult, 1987)は，恋愛関係にある者が不満や葛藤を感じた際の対処方法を，建設的か破壊的かという次元と積極的か消極的かという次元によって4つに分類した(**図4·2**)。建設的で積極

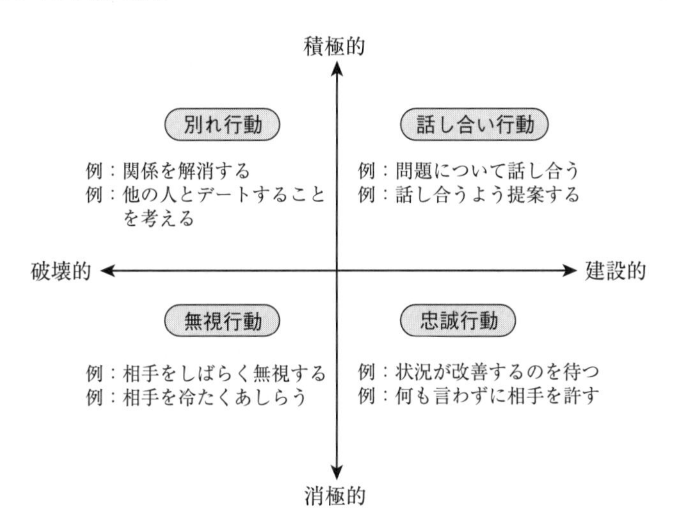

図 4·2　恋愛関係における葛藤対処方略
出典）Rusbult (1987) を参考に作成

的な対処である「話し合い行動 (voice)」，建設的だが消極的な対処である「忠誠行動 (loyalty)」，破壊的で積極的な対処である「別れ行動 (exit)」，破壊的で消極的な対処である「無視行動 (neglect)」であった。そして，「話し合い行動」「忠誠行動」という建設的な対処行動が適応状態に影響を及ぼす力よりも，「別れ行動」「無視行動」といった破壊的対処行動が不適応状態に影響を及ぼす力の方が強いことが明らかになった (Rusbult et al., 1986)。つまり，葛藤が生じた場合に，建設的対処行動を用いるというよりも，破壊的対処行動をとらないようにすることの方が大切だといえる。しかし，二人の間で葛藤が生じた際には，自分だけではなく相手も何らかの対処方法を用いてくる。相手が破壊的な対処行動を用いてきたときに，それに応戦したり報復したりして自分も破壊的な対処行動を用いると，適応状態が悪化することも明らかになっている。つまり，相手がどのような対処行動を用いてきても，自分は建設的な対処行動を選択することが，事態好転の可能性を高めるのである。

(3) 関係崩壊時のストレスとソーシャル・サポート

a. 対人ストレス

ネガティブな対人関係に関する研究は非常に多くあるが，「個人の心身の健康・適応にとってネガティブな影響を及ぼしうる対人関係要因の総称的概念」のことを，**対人ストレス**(interpersonal stress)と称する(橋本, 2005a)。そして，対人関係のストレスは，日常生活において最もストレスフルなものの一つであるという指摘がある(浦, 1992)。日常のストレッサー(ストレスの原因)のなかで，最も苦痛を感じるものは対人ストレッサーであり，その悪影響はその他のストレッサーよりも持続しやすいといわれるように(Bolger et al., 1989)，対人ストレスのインパクトは非常に大きい。

では，対人ストレスにはどのようなものが存在するのだろうか。橋本(2005b)によると，対人ストレッサーには，社会規範的にも好ましくない顕在的葛藤事態である「対人葛藤」，自身の稚拙なスキルにより円滑なコミュニケーションが営めない状況である「対人過失」(橋本(1997)では「対人劣等」とされている)，あえて意に添わない行動をしたり，期待はずれを黙認したりするような状況である「対人摩耗」という3種類あることが明らかにされている。具体的な内容は**表4·1**を参照されたい。

対人関係の危機や崩壊が近づくと，こうした対人ストレッサーが増加すると考えられる。ストレスに対処する方法を**コーピング**(coping)と呼ぶが，前項のラズバルト(1987)による**図4·2**などが恋

表 4·1　対人ストレッサー尺度の項目

項目
【対人葛藤】
あなたの意見を○○が真剣に聞こうとしなかった。
○○からけなされたり，軽蔑されたりした。
あなたと関わりたくなさそうな態度やふるまいをされた。
○○が都合のいいようにあなたを利用した。
あなたが信用していないような発言や態度をされた。
○○の問題点や欠点について注意・忠告をしたら，逆に怒られた。
【対人過失】
あなたの落ち度を，○○にきちんと謝罪・フォローできなかった。
○○に対して果たすべき責任を，あなたが十分に果たせなかった。
あなたのミスで○○に迷惑や心配をかけた。
○○にとってよけいなお世話かもしれないことをしてしまった。
○○に過度に頼ってしまった。
○○の仕事や勉強，余暇のじゃまをしてしまった。
【対人摩耗】
あなたのあからさまな本音や悪い部分が出ないように気を使った。
その場を収めるために，本心を抑えて○○を立てた。
○○に合わせるべきか，あなたの意見を主張すべきか迷った。
○○の機嫌を損ねないように，会話や態度に気を使った。
本当は指摘したい○○の問題点や欠点に目をつむった。
本当は伝えたいあなたの悩みやお願いを，あえて口にしなかった。

出典）橋本（2005b）

愛関係における葛藤や危機状況のコーピング例である。

b.　ソーシャル・サポート

「個人の心身の健康にポジティブな影響を及ぼしうる対人関係要因」は**ソーシャル・サポート**（social support）と呼ばれ，個人の心理的な不快感を軽減したり，自尊心の維持・回復を促したりする情緒的サポートと，個人が抱えている問題そのものを直接ないし間接的に解決することに役立つ道具的サポートに大別される（橋本，2005a）。ソーシャル・サポートは，必要なときにはサポートが得られるという利用可能性の知覚あるいは期待の程度である「知覚され

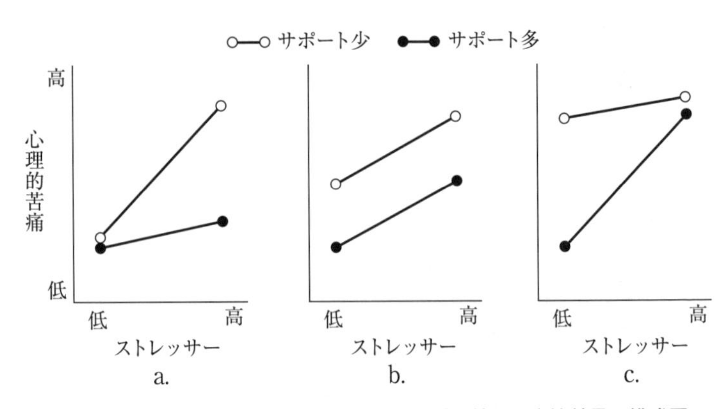

図 4･3　ソーシャル・サポートのストレス緩衝効果と直接効果の模式図
出典）福岡(2010)をもとに作成

たサポート」，一定期間内にある人から提供された実際の資源の量ないし行動の頻度である「実行されたサポート」，必要なときにサポートを提供してくれる人，あるいは少なくともそのように期待できる人である「サポート・ネットワーク」という3種から測定されることが多い(福岡, 2010)。

ストレスに対してソーシャル・サポートは2つの効果をもつとされている。1つは，ストレス緩衝効果(stress-buffering effect)であり，ソーシャル・サポートをストレス対処方略の一つとして位置づける考え方である。**図 4･3a** 図が示すように，ストレッサーの水準がそれほど高くない場合にはソーシャル・サポートの多少による差は少ないが，ストレッサーの水準が高い場合にソーシャル・サポートが少ないと心理的苦痛などの不適応症状が強く現れるが，ソーシャル・サポート量が多ければ不適応症状が強く生じないというものである。もう1つの効果が，直接効果と呼ばれるものである。これは，ストレッサーの水準にかかわらず，ソーシャル・サポートが十分にある方が少ない場合よりも不適応症状が低く抑えられるというものである(図 4・3b)。しかし，ストレッサーの水準があまりにも高いと，ソーシャル・サポートの量が多くても効果が認められなくなるという場合もある(図 4・3c)。

ところで，相馬ら(2003)は，交際期間が長い恋愛関係や夫婦関係にある人で排他性の低い人(パートナー以外のサポート源からもサポートを知覚できた人)はパートナーとの葛藤時に建設的に対処するが，排他性の高い人(パートナーにサポート源を集中している人)は建設的な対処行動を抑制しやすいことを明らかにした。ここでのサポート源とは，両親，きょうだい，親しい同性および異性の友人，恋愛関係や夫婦関係にあるパートナーなど 10 の人物からそれぞれどれくらい情緒的サポートを受けているかということであり，排他性が低い人はパートナー以外の多くの人からも情緒的サポートを受けているが，排他性が高い人はパートナーから受ける情緒的サポートの比率が高いことを意味する。よって，パートナー以外からの情緒的サポートが少ない場合は，葛藤時に建設的な対処行動を用いない傾向にあるため，適応的ではない。よって，サポート・ネットワーク内の親密なサポート源との間で葛藤が生じた場合，それ以外のサポート源を確保していないと，交際期間に応じた適応的な対処行動が抑制されることが示唆された。

重要な他者との関係が崩壊した際にも，ソーシャル・サポートは有益である。個人のソーシャル・ネットワークは対人葛藤の源であると同時に，ソーシャル・サポートの源でもあるという指摘があるように(橋本, 1995)，さまざまな他者と対人関係を構築していくことは，それによる対人ストレスの増加もある一方で，自身の精神的健康の源であったり，自己成長のきっかけとなったりするなど得られるものも多い。対人関係には光と陰の両側面が存在するのである。

まとめ

- 対人関係の形成・発展に関しては，対人魅力と呼ばれる領域で，関係初期から安定期に至る魅力の規定因に関する研究が積み重ねられ，親密な人間関係研究へと発展していった。
- 親密な人間関係研究では，恋愛に関する研究を中心に，愛着理論や進化心理学による説明が行われてきた。
- 対人関係の親密化過程に関しては，相互依存性理論や衡平理論などの社会的交換理論も重視されている。
- 対人関係は良い方向に進展するばかりではなく，崩壊に向かうこともある。対人関係の発展を阻害する要因の一つとしてのシャイネスや，関係崩壊時のストレスやソーシャル・サポートに関する研究が行われている。

より進んだ学習のための読書案内

和田 実・増田匡裕・柏尾眞津子(2016).『対人関係の心理学：親密な関係の形成・発展・維持・崩壊』北大路書房

☞本章で扱った親密な人間関係について，対人魅力やその説明理論，友人関係や恋愛関係の特質，長期的な人間関係の維持，関係の悪化や解消などの章だてにより，多様な知見をわかりやすく解説した好著。

アーガイル，M.・ヘンダーソン，M.／吉森 護(編訳)(1992).『人間関係のルールとスキル』北大路書房

☞人間関係にはルールとスキルが重要であるという立場から，研究成果に基づき，人間関係の概説，友人関係，家族関係，職場関係など多様な人間関係の特徴を紹介している。

橋本 剛(2005).『ストレスと対人関係』ナカニシヤ出版

☞人間関係がなぜストレスなのか，他人を必要としながらも時にわずらわしく感じるのはなぜか。こうした疑問について，対人ストレスお

よびソーシャル・サポートという観点から解説をしており，対人関係の光と陰について詳しく知り，考えることができる。

課題・問題

1．あなたはなぜ，友だちを作ろうとするのだろうか。その理由を考えてみよう。

2．衡平理論に基づいて，遠距離恋愛が長続きしない理由を説明してみよう。

5章

対人コミュニケーション

対人関係の基盤となる対人コミュニケーション

《キーワード》
対人コミュニケーション，言語的コミュニケーション，非言語的コミュニケーション，親密化，社会的スキル

人が一日のなかで非常に多く行っている行動の一つがコミュニケーションである。家族や友人だけでなく，店員や駅員，街ですれ違う人など見知らぬ人ともコミュニケーションは行われるし，犬や猫に話しかけるのもコミュニケーションの一種である。4章では対人関係の特徴や展開について見てきたが，その対人関係の基盤となっているのが**対人コミュニケーション**(interpersonal communication)と呼ばれるものである。

他者との関係においてお互いが所有している情報が均衡していない場合は緊張が生じ，その緊張を低減するために，人は情報の均衡化を図ろうと動機づけられる。そして，情報の均衡状態を求めるために人はコミュニケーションを行うといわれている(Newcomb et al., 1965)。つまり，相手がどのような人物なのか，どのような意見・

考えを持っているのかなどお互いの知らないことを埋めるために，コミュニケーションは行われる。そして，コミュニケーションを行う者の間で認知的な不均衡があると，緊張を解消するためにコミュニケーション行動が促進されることが実験的研究などからも証明されている（大坊, 1986）。

コミュニケーションのなかでも特に，個人間で交わされるメッセージのやりとりを対人コミュニケーションと呼ぶ。そして，大坊ら（大坊, 2001; 大坊・磯, 2009）が指摘するように，対人コミュニケーションによって両者の理解が一致する行動が展開され，安定した状態が築かれたとしても，ある時点での合意や安定は，他の面についての落差を浮き上がらせることになるため，人は一層マクロな理解を目指し，さらなる行動を必要とするのである。対人コミュニケーションが生じる理由がここにあるといえよう。5章では，対人コミュニケーションについて詳しく見ていくことにする。

5-1 対人コミュニケーションとは

(1) 対人コミュニケーションの定義

コミュニケーション（communication）という用語は，日常生活のなかで頻繁に使用されている。しかし，このコミュニケーションという用語の持つ意味や，指し示す事象は実に多様で，その概念を一義的に定義することは困難である。深田（1998）は，多数あるコミュニケーションの概念を次の3つに大別した。①相互作用過程的概念タイプ：当事者がお互いに働きかけ，応答し合う相互作用過程。コミュニケーションを通して相互理解と相互関係が成立すると考える立場である。②意味伝達過程的概念タイプ：一方から他方へと意味を伝達する過程。当事者は，コミュニケーションを通して意味を共有できると考える立場である。③影響過程的概念タイプ：一方が他方に対して影響を及ぼす過程。コミュニケーションを通して，人間は他者に影響を与えることができると考える立場である。

岡部(1996)は，システム・レベルの次元と，システム内－システム間の次元という2次元からコミュニケーションの分類を行っている。レベルには，個人，集団，組織，国家，文化があり，さらにレベルごとにシステム内とシステム間のコミュニケーションがあり(例：個人内コミュニケーションと個人間コミュニケーション，集団内コミュニケーションと集団間コミュニケーションなど)，それぞれが異なる特徴を持っている。この分類に基づくと，本章で取りあげる対人コミュニケーションとは，個人レベルの，しかも個人間で行われるコミュニケーションのことになる。

深田(1998)は，対人コミュニケーションの本質的特徴を3つあげている。1つ目は，二者間で交わされるコミュニケーションを基本とするという特徴である。ただし，個人と個人の間で交わされるコミュニケーションであるという本質的特性が保障されるような場合は，少人数によるコミュニケーションも対人コミュニケーションに含めることがある。2つ目は，送り手と受け手が固定しておらず，当事者間で送り手の役割と受け手の役割が交代することであり，3つ目は，対面状況でのコミュニケーションが基本であるという点である。ただし，現在は，携帯電話などのパーソナル・メディアを介したコミュニケーションが二者間のコミュニケーションにおいてあまりにも大きな役割を担っていることから，対面状況に限らずメディアを利用したコミュニケーションも含めて対人関係との関連を検討していく必要がある。

(2) 対人コミュニケーションの機能と効用

a. 対人コミュニケーションの機能

機能的観点から，対人コミュニケーションを次の2つに分類することができる。1つ目が何らかの目標を達成するための手段としてコミュニケーションを行う**道具的コミュニケーション**(instrumental communication)，2つ目がコミュニケーションを行うこと自体が目的である**自己完結的コミュニケーション**(consummatory communication)である。後者は，表出的コミュニケーションや消費的コミュニケーションと呼ばれることもある。待ち合わせ時刻を伝えるためにコミュニケーションを行うとか，両親に何かを買ってもらうためにその商品の良さを一生懸命アピールするなどは，知らせる，買わせるといった別の目標を達成するための手段としてコミュニケーションを行っているため，道具的コミュニケーションである。一方，おしゃべりをするために友だちと会って話すというような場合は，コミュニケーション自体が目的であるため自己完結的コミュニケーションとなる。

b. 対人コミュニケーションの効用

次に，対人コミュニケーションの効用について考えてみる。たとえば，対人コミュニケーションを通じて多様な情報を得ることで，知識の増加や新たな発見をすることがある。また，人と話すことで自分の意見や行動が適切であるかどうかの判断基準を得ることもできる。情報交換によってサービスや作業目標の遂行，課題解決がはかられるのも対人コミュニケーションの効用である。また，ニューカムら(Newcomb et al., 1965)が指摘するように，交換を通じて共通の情報を獲得していくことは，認知的な均衡状態を生じさせ，不安低減につながるというのも，まさに対人コミュニケーションの効用である。

対人コミュニケーションは他者に影響を与える行動でもあり，他者の態度変容を目的とした説得的コミュニケーション，他者を騙そうとする欺瞞のコミュニケーション，他者を攻撃するコミュニケーションなど，社会的コントロールという効果をもたらすこともある。

また，他者が援助を求めているときに，具体的な解決策を提供したり，励ましの言葉をかけたりすることがある。前者は，問題解決のために必要な資源の提供や，その人が資源を入手できるような情報を与える働きかけといった道具的サポートであり，後者は，他者の心理的な不快感の軽減や，自尊心の維持・回復を促す機能を持つ情緒的サポートである。つまり，対人コミュニケーションには他者を支え，援助するといった効用もある。

さらに，交換される情報が当事者に関する内容である場合，当事者間の対人関係の形成・発展・維持をもたらす効用がある。なぜなら，自己に関する情報をさらけ出すことは，受け手に対する開示者の好意や信頼を意味し，受け手にとって社会的報酬となることから，**自己開示**(self disclosure)という対人コミュニケーションを繰り返すことで，互いの好意が増し，親密化過程が進行するからである。このことについては，5-3節で詳しく紹介する。

対人コミュニケーションには，送り手の精神的健康に関する効用も存在する。感情の表出や，悩みや葛藤を他者に伝える自己開示などは，感情浄化機能(カタルシス機能)を持っており，送り手の精神的健康の促進に役立つ。また，単なるおしゃべりにも，リラックス効果や，冗談やユーモアのような興奮や刺激を得る効果などがあるとされている(川上, 2004)。

5-2
対人コミュニケーションの構成要素

5-1節からさまざまな対人コミュニケーションの機能と効用について理解できたと思うが，次はそもそも対人コミュニケーションというメッセージの交換過程がどのような要素で構成されているのかを概観していく。

対人コミュニケーションの基本的構成要素には，①情報を伝達する主体である送り手，②伝達される情報(メッセージ)，③それを搬送するチャネル，④情報の受け手といった4つの要素がある。バーロー(Berlo, 1960)もこの4つの構成要素に着目し，SMCRモデルを提唱している。S(Source)とは源泉である送り手，M(Message)はメッセージ，C(Channel)はチャネル，R(Receiver)はメッセージの受け手である。この4つの要素のうち1つでも欠けていたら，対人コミュニケーションは成立しないが，もう1つ重要な要素となるのが，⑤効果である。たとえば，メッセージの受け手が何を理解したのか，どのような影響を受けたのか，さらには，送り手が自ら発信したメッセージに関する自己フィードバックを経て何を感じたのかなど，対人コミュニケーションにおいては効果という要素が重要であり，社会心理学的に対人コミュニケーションを研究する意義は，ここに着目することにもあると思われる。⑤効果は5-1節(2)の効用と深く関わる要素であり，主に①から④の要素が原因となって⑤に影響を及ぼすと考えられる。対人コミュニケーションは動的なプロセスであり，また，送り手と受け手の役割が随時交代することなどから，構成要素に切り分けるという視点には限界があるのかもしれないが，バーロー(Berlo, 1960)も指摘するように分析的な目的のためには意義あるアプローチであると思われる。そこで，次項からは①から④の構成要素について，より詳しく見ていくことにする。

(1) 送り手

送り手は，伝達したい情報を記号(符号)というメッセージに変換して，その状況で使用可能なチャネルや媒体を用いて受け手に伝える。その際に行われている伝えたい情報を言語符号や非言語符号に変換する作業を，**記号化**または符号化(encoding)と呼ぶ。深田(1998)は，「伝達したい情報内容，および，符号化の正確さと様式は，送り手がどのような人物であるかによって異なる。送り手の特性としては，①性別や年齢などの人口学的特性，②職業や社会的地位などの社会的特性，③パーソナリティや能力などの心理的特性，④過去経験，が重要である」としている。また，バーロー(Berlo, 1960)によれば，送り手(Source)には①コミュニケーション・スキル，②態度，③知識レベル，④社会的文化的システム内での立場という少なくとも 4 種類の下位要素がある。送り手のこれらの要素が，記号化，チャネル選択などに影響を与えるのである。

バーロー(Berlo, 1960)が送り手の下位要素の一つとして挙げているコミュニケーション・スキルとは，記号化スキルのことである。記号化スキルとは，伝えたいことを適切な方法で効果的に受け手に伝えるスキルである。この記号化スキルの個人差を測定する尺度の一つに，フリードマンら(Friedman et al., 1980)が作成した感情的コミュニケーションテスト(Affective Communication Test：ACT)がある。これは，特に，コミュニケーションにおける非言語的表出性を測定するもので，この得点が高いと非言語的な側面の表出性が豊かであることを示し，大坊(1991)によって日本語版も作成されている。ACT は，対人的な表出性としての概念的妥当性や，信頼性も備えた尺度であると考えられており，ACT 得点には男女差が見られず，アメリカの結果と比較すると，日本人の得点の方が低いことが示されている。さらに，外向性，対人的志向性，親和性，支配性，自尊心などと正の相関関係にあり，対人不安などとは負の関係にあることも確認されている(大坊, 1991)。

その他，記号化スキルを測る尺度は日本でもいくつか作成されているが，いずれも社会的スキル(5-4 節参照)の一側面として捉えられ, 社会的スキル尺度の下位尺度に位置づけられている(相川・藤田, 2005; 藤本・大坊, 2007; 堀毛, 1994 など)。

(2) 受け手

受け手には，送り手によって記号化されたメッセージの意味を解釈する，**記号解読**または解読(decoding)という役割がある。メッセージはあくまで記号であり，メッセージそのものに意味が付与されているのではなく，受け手がメッセージを解読することで初めて意味が生まれる。送り手には記号化，受け手には記号解読という異なる役割があるが，受け手にも，コミュニケーション・スキル，態度，知識レベル，社会的文化的システム内での立場といった送り手と同じ下位要素があり，それらが対人コミュニケーション過程に影響を与えている(Berlo, 1960)。ここでは，受け手特有のスキルについて詳しく見ていく。

メッセージに基づき，送り手の意図や感情を的確に受けとめ推測するには，受け手としてのコミュニケーション・スキルが必要である。その中で，重要かつ基本的なスキルが**聴くスキル**と呼ばれるものである。「聴くこと」は，情報を受け取る行為であると同時に，相手に「存在の肯定」「注目」「尊敬」「同情」などの社会的報酬を与える行為である(相川, 2009)。したがって，受け手が聴くスキルを身につけているかどうかによって送り手に与える印象や，後の送り手との関係性が異なってくると考えられる。相川(2009)は，次のような具体例を聴くスキルとして挙げている。相手の話を途中でさえぎらない，話題を変えない，道徳的判断や倫理的非難をしない，話し手(送り手)の感情を否認したり否定したりしない，時間の圧力をかけないなどのように「受容的な構えになること」である。さらに，送り手に「話すきっかけを与える」，そして話を聴いているときは黙って聴いているのではなく，相づちや非言語的行動などを用いて「反射させながら聴く」「からだを使って聴く」ことも必要だと言われている。また，話題に関連した質問をすることで，送り手の話に興味があるということを示すことも大切である。

さらに相川(2009)は，しぐさを読み解くスキルも聴き手には必要であると指摘しているが，このスキルは「解読スキル」と呼ばれるもので，さまざまな研究が行われている。ローゼンタールら(Rosenthal et al., 1979)は，解読スキルを測定するために，非言語的感受性プロフィール(Profile of Nonverbal Sensitivity：PONS)テストを開発した。このテストは，実験協力者がさまざまな行動を演じているシーンを解読者に呈示し，解読の正確さを測定するという手続きである。PONS テストの結果，男性よりも女性の方が解読が正確であることや，年齢と正確度が直線的な関係であることなどが示されている。また，このテスト得点と他の個人特性との関連からは，解読スキルが高い人は，外向的で，社会的に成熟しており，自発的であることなどが明らかにされている。なお，本邦では，浅井ら(1982)がPONSテストで使用された映像刺激の日本版作成を試みている。

その他，解読スキルに関しても記号化スキル同様，社会的スキルの一側面として位置づけられ，測定するための尺度が開発されている(相川・藤田, 2005; 藤本・大坊, 2007; 堀毛, 1994; 榧野, 1988; Takai, & Ota, 1994 など)。

(3) メッセージ

メッセージとは，送り手によって符号化された記号の集合体のことであり，**言語的コミュニケーション**(verbal communication)と**非言語的コミュニケーション**(nonverbal communication)に分けられ

対人コミュニケーション・チャネル
- 音声的
  - 1) 言語的　(発言の内容・意味) —— 言語的コミュニケーション
  - 2) 近言語的 (発言の形式的属性)
    - a. 音響学的・音声学的属性 (声の高さ，速度，アクセントなど)
    - b. 発言の時系列的パターン (間のおき方，発言のタイミングなど)
- 非音声的
  - 3) 身体動作
    - a. 視線
    - b. ジェスチャー，姿勢，身体接触
    - c. 顔面表情
  - 4) プロクセミックス (空間の行動)
    - 対人距離，着席位置など
  - 5) 人工物 (事物) の使用
    - 被服，化粧，アクセサリー，道路標識など
  - 6) 物理的環境
    - 家具，照明，温度など

(2)～(6)：非言語的コミュニケーション

図5·1　メッセージ形態の分類
出典) 大坊(1998)をもとに作成

る。**図 5·1** はチャネルの違いによるメッセージ形態を分類したもので，1)が言語的コミュニケーション，2)～6)が非言語的コミュニケーションにあたる(大坊, 1998)。

a. 言語的コミュニケーション

言語は記号の一種である。成毛(1993)によれば，記号は，自然的記号(信号)と人為的記号(象徴)に分かれており，言語は後者の人為的記号にあたる。たとえば,「ボール」という言語は，物理的存在であるボールそれ自体ではなく，物理的存在を象徴する人為的記号である。成毛(1993)は，すべての言語に共通する特徴として以下の 6 点を挙げている。①伝達性：言語の主要目的は伝えることにある。②生産性：文章はその場で作り出すことができる。③時間的・空間的広がり：言語では，現在，過去，未来の事柄について語ることができる。さらに，実世界には存在しない想像上のものについても語ることができる。④即時性：話しことばはすぐに消えてしまう。一方，書きことばは保存できる。⑤恣意性：言語と指示対象との間に必然的な関係はない。⑥学習性：言語は文化的に学習され継承される。

深田(1998)は，言語の主な機能を次の 3 つにまとめている。1 つ目が，社会的関係の中で，自分の欲求，感情，意思，意見などを他者に伝え合うことができるという伝達機能である。2 つ目は，言語を使うことによって，知覚，記憶，学習，思考などが促進されるという思考機能である。そして 3 つ目は，言語を使うことで，他者の行動を触発したり抑制したりするという行動調整機能である。

b. 非言語的コミュニケーション

内容(言語的メッセージ)は同じでも，それをどのように伝えるかといった表現方法が異なれば，受け手に与える影響は異なる。他者のコミュニケーションの解釈や理解は，93% を非言語メッセージから行っていることを示した実験や（Mehrabian & Wiener, 1967），社会的な意味の 60%から 65%が非言語的なものによって伝達されているという結果（Birdwhistell, 1955），69%が非言語によって伝達されていることを示した実験を紹介した研究（Burgoon, 1994）などがある。このように研究によって割合は異なるものの，メッセージがもたらす効果に非言語的コミュニケーションが多くの影響を与えているとされてきた。ただし，リッチモンドとマクロスキー（Richmond & McCroskey, 2004）は，こうした研究の多くは，「非言語コミュニケーションは無意味である」といった俗説が正確ではないことを証明するために特別に計画されたものであるため，研究の結果を一般化することには慎重になる必要があると指摘している。

非言語行動の分類も研究者によって異なるが，ここではヘクトら（Hecht et al., 1999）の 5 つの分類を紹介する。

①**身体動作**：ジェスチャー，姿勢，身体の動き，身体の傾き，顔面表情，視線行動など。

②**外見や装飾品**：体格，肌や髪の色，髪型，洋服，化粧などを含めた容貌や，体臭や香水による嗅覚刺激など。

③**準言語**：話す速度，声の大きさ，声質，声の高さ，アクセント，間，言いよどみ，沈黙などで，近言語やパラ言語と呼ばれることもある。なお，橋本（1993）は，準言語について，「何が」言われたかではなく，「どのように」言われたかが問題の対象となると表現している。

④**接触行動**：個人空間，対人距離などの空間や領域の使い方，さらには，触れる，つかむ，叩く，抱くなどのような接触行動も含まれる。

⑤時間および物理的環境：時間利用の仕方や時間に対する意識，さらには，建築物や家具のデザイン，騒音などによる環境的な手がかりも含まれる。

パターソン(Patterson, 1983)は，非言語的コミュニケーションの機能を5つ挙げている。

①情報の提供：基本的には，すべての非言語行動は潜在的に情報提供行動である。送り手が示す非言語行動すべてが受け手に何らかの情報を提供している。

②相互作用の調整：会話の進行状態を円滑にする働きであり，比較的自動的かつ熟慮なしに行われる。

③親密さの表出：行為者が非言語行動を通して受け手に親密さ(相手に対する好感や愛情，あるいは興味や思いやり)を伝える働きである。

④社会的統制の行使：社会的勢力と支配，説得，フィードバックと強化，欺瞞，印象管理といった社会的影響過程において，非言語行動を用いて他者に影響を与える働きを指す。

⑤サービスや仕事上の目標の促進：個人的特性や社会的関係をあらわさないサービスや仕事上の目標を促進するために使用される非言語行動がこれにあたる。たとえば，医師と患者や，美容師と客の身体接触などである。

(4) チャネル

メッセージが運ばれる経路をチャネルという。受け手がメッセージを知覚するために使用する感覚器官に基づいて，視覚的チャネルや聴覚的チャネルなどと呼ばれることもある。たとえば，メールによるコミュニケーションでは，受け手が視覚を通して文字という記号を受け取る。つまり，メッセージは視覚的チャネルを通して届けられたことになる。一方，電話などで会話をする場合は，受け手は音声によるメッセージを受け取るため，聴覚的チャネルを通してメッセージが届けられる。対面による会話などの場合は，視覚的チャネルと聴覚的チャネルを通してメッセージが届けられるが，視覚や聴覚に加え，嗅覚や触覚，時には味覚というチャネルも利用することが可能である。このように，複数のチャネルが同時に用いられることも多い。

5-3 対人関係の進展と対人コミュニケーション

(1) 対人関係と対人コミュニケーションの特徴

対人関係と対人コミュニケーションは密接な関係にある。まずは，対人コミュニケーションが二者によって繰り広げられるダイナミックな事態であることを示す現象を紹介する。

a. 親密性平衡モデル

非言語行動の一つである視線行動は，相互作用においてさまざまな働きをしており，具体的な視線の機能には，①情報収集，②感情表出，③会話の流れの調節，④社会的コントロールといったものがある（飯塚, 1990; Kendon, 1967; Richmond, & McCroskey, 2004）。人は好意や親密さを示す際，相手に視線を多く向けることが繰り返し証明されているが，その他の非言語行動でも親密さとの関連が数多く示されている。

たとえば，好意を抱く相手に対しては，微笑の増加，対人距離の縮小，身体接触の増加などが生じる。しかし，実際には多種の言語

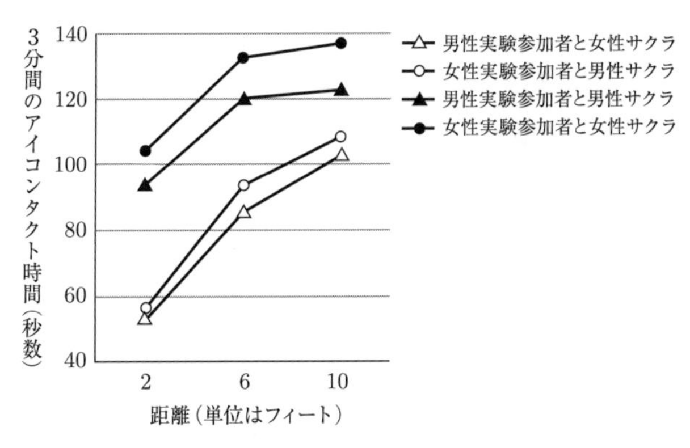

図 5·2 対人距離とアイコンタクト時間の関係

出典）Argyle & Dean (1965)をもとに作成

的および非言語的行動を組み合わせ，人は対人コミュニケーションを行っていることから，単独の行動と親密性との関連を検討していくだけでは不十分である。アーガイルら（Argyle & Cook, 1976; Argyle & Dean, 1965）による親密性平衡（intimacy equilibrium）モデルは，二者間の親密性に絡む複数の非言語行動間のダイナミズムを示したモデルである。このモデルによると，二者間関係においては，それぞれの関係に応じて快適な親密性レベルが存在する。そして，その親密性レベルを維持しようとする圧力が働いている。しかし，親密性を構成する行動の一つが変化すると，その均衡したレベルを維持するために他の一つあるいは複数の行動が逆方向に変化するというものである。この親密性を構成する行動には，アイコンタクト，対人距離，話題の親密さ，微笑量などがある。

アーガイルとディーン（1965）の実験では，実験協力者を用いて対人距離を 2 フィート（約 61cm），6 フィート（約 1.8m），10 フィート（約 3m）に操作し，会話をさせた際のアイコンタクト時間を測定した。男女それぞれ同性と異性ペアを設定したが，結果はいずれのペアでも，対人距離が遠くなるとアイコンタクト時間が長くなるというものだった(図 5·2)。

b. コミュニケーションの同調傾向

二者による会話場面では，時間経過に伴って，会話行動のパターンが相手の示すパターンに近似していく現象が確認されており，**同調**(synchrony)傾向と呼ばれている(Matarazzo & Wiens, 1972)。具体的には，発言時間，発話数，沈黙頻度，交替潜時，発話速度，音声の強さ，身体動作などで生じることが確認されている(Matarazzo et al., 1963; Welkowitz et al., 1976 など)。マタラッツォら(Matarazzo et al., 1963)は，面接者の1回あたりの発言時間を5秒→10秒→5秒や，10秒→5秒→10秒のように操作し，被面接者の会話行動を観察したところ，面接者の発言時間に応じて，被面接者の発言時間も同調して増減することが明らかになった。これは，面接者の沈黙時間を操作した場合も同様であった。

こうした現象のメカニズムを，マタラッツォとウィーンズ(Matarazzo & Wiens, 1972)は，オペラント的な強化と社会的なモデリングの観点から説明している。オペラント的な強化というのは，一方の会話者(A)が発言すると，相手の会話者(B)がそれに応答し，そのBの応答をAは自分への関心の高まり(社会的報酬)として認知し，心理的満足が生じる。そして，それがAの発言を強化し，さらに発言行動が増大する。これがA，B両者に生じれば，二人の発言量は互いに増していくという考え方である。一方の社会的なモデリングという考え方は，特に，経験の乏しい新奇な状況などに適用されるもので，新奇な状況では，会話者は何が効果的な行動かを十分に判断できないため，相手の行動をまねることによって自分の行動の適否を探ることがある。その結果,一方の発言の増減に応じて,他方の発言が相関的に変化するという考え方である。ただし,対人コミュニケーション過程では,こうした一方のパターンに近似する正の同調傾向のみが生じるとは限らない。一方が相手に対して好意的な感情を抱き,相手の発言が活発な場合などは,相手の発言を容認し,聞き手に徹することで負の同調傾向が生じることもある(大坊, 2001)。

c. 不安のディスクレパンシー・活性化モデル

会話場面での発話量に対しては,個人の不安水準による効果よりも,会話者間にある不安度の落差の有無が大きな説明力を持つという**不安のディスクレパンシー・活性化モデル**というものがある(大坊, 1982; Daibo, 1982)。顕現性不安尺度を用いて測定された不安の高さに基づき,不安水準の一致する初対面の会話ペアと一致しない会話ペアを設定し,会話をさせた。その結果,不安水準の一致しているペアに比べて不安水準に落差のあるペアは,発言が活発になることが実証された。メカニズムとしては,不安の感じやすさというパーソナリティに違いがあることが,互いの行動理解や推測を困難にし,そこから緊張が生じるため,その緊張を軽減するための意図的な行為として発言が活発に用いられることになると考えられている。つまり,一方の会話者の要因ではなく,二者の組み合わせによって会話行動が異なるというダイナミックな現象である。

(2) 対人関係の進展に伴うコミュニケーションの変化

相手との親しさの程度によってメッセージ特徴が変化することも明らかになっている。ここでは,対人関係の進展に伴いメッセージ内容や特徴が変化すること示した研究をいくつか紹介する。

a. 社会的浸透理論

我々は，日常の会話の中で頻繁に自分の趣味，自分の性格，過去の経験，何かに対する意見など，自分に関するさまざまな事柄を他者に話している。このような自分自身に関する情報を特定の他者に言語的に伝達することを自己開示という(2章参照)。自己開示が対人関係の進展において重要な役割を果たしていることを表している理論に，アルトマンとテイラー(Altman & Taylor, 1973)の**社会的浸透理論**がある。この理論では，二者間の相互作用(対人的交換)が内容の領域に関する「広さ」と親密性のレベルに関する「深さ」という2次元で行われ，対人関係が進展するにつれ，狭い領域での表面的な相互作用から広い領域での親密な相互作用へと段階的かつ系統的に進展していくとされている。つまり，初対面の人に対しては表面的かつ限定的なことしか話さないが，二人の関係が友人，そして親友というように親密になると，徐々により深く，そして幅広い内容について話すようになる。相手との関係性の段階によって，話す内容が異なってくることを示した理論である。

b. 自己開示の返報性

自己開示には，開示の受け手が開示者の自己開示と同程度の質と量の情報を開示者に返す**自己開示の返報性**という傾向があることも認められている。この自己開示の返報性も対人関係の親密化に伴い変化する。アルトマン(Altman, 1973)は，対人関係の段階と話題の親密さの関係に着目して自己開示の返報性をモデル化している(**図5·3**)。すなわち，表面的な情報は，関係の初期段階では返報性の規範が働き返報量も多くなるが，関係の進展にしたがって単調減少する。一方，内面的な情報は，関係の初期段階では相手からの拒絶を伴う可能性などから，返報性規範が働かないが，関係の進展にした

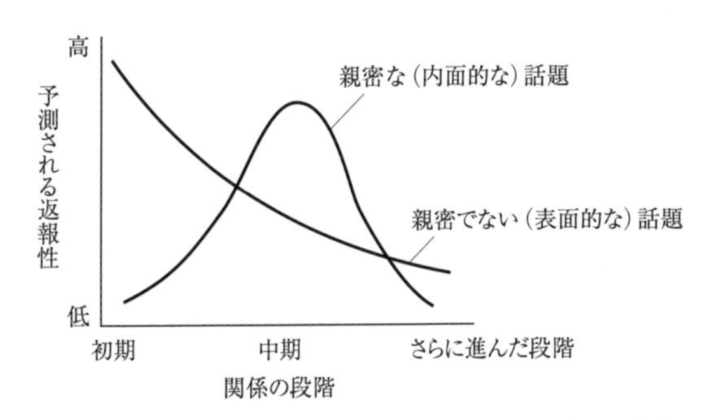

図 5·3　自己開示の返報性における対人関係の段階と話題の親密さの関係
出典）Altman (1973)をもとに作成

がって徐々に返報されやすくなる。そして，非常に親密な関係になると，返報性規範が必要とされなくなり，返報量は減少するという曲線的関係が見られる。このモデルについては，それ以降の研究でも実証されている（Derlega, Wilson, & Chaikin, 1976; Won-Doornink, 1979）。

(3) 親密化を促すコミュニケーション

どのようにコミュニケーションを行うかによって，相手との関係性が影響を受け，二人の関係が親密になるか否かが決まることもある。

a. 親密化を促すコミュニケーションの同調傾向

先述したコミュニケーションの同調傾向であるが，単に現象として生じるだけでなく，同調傾向が生じることが相手の会話者に対する肯定的評価を生み出すことも明らかにされている。たとえば，発話速度や交替潜時という側面で同調傾向が生じた場合に，相手の能力や社会的魅力を高く評価したり（Street, 1984），姿勢が一致していた条件の方が一致していないときよりも，相手を共感的であると評定したりすることが確認されている（Maurer & Tindall, 1983）。また，交替潜時が一致している相手については，温かい人であると感じることもわかっている（Welkowitz & Kuc, 1973）。コミュニケーションの同調傾向に関しては，メカニズムや生起条件の整理統合に関して課題が多く残されているが，親密化に影響を及ぼす行動の一つであることに間違いはないであろう。

b. 適切な自己開示

(2)で記したように，二人の関係性の段階によって自己開示される内容が異なってきたり，返報される量が変化してきたりする。見方を変えると，社会的浸透理論や自己開示の返報性モデルに当てはまる自己開示を行うということは，適切な自己開示を行っていることになる。そして，適切な自己開示を行わなければ，相手から好意を持たれることも，その相手とより親密になることも困難になると考えられる。自己開示は自分自身をさらけ出す行為であり，相手に受け止めてもらえなかったり承認してもらえなかったりする可能性もあることから，リスクを伴った行動であるといえる。自己開示をするということは相手を信用していることの現れであるし，相手から自己開示を返報してもらえれば，受け止めてもらえた安心感とこちらに対する信頼を感じ取ることができる。また，開示される側の立場について考えてみても，いきなり重い大きなものをさらけ出されたりすると，抱えきれず不安になることがある。つまり，単に自己開示をたくさんすれば良いわけでも，深い自己開示をすれば良いわけでもなく，その二者の関係の段階に応じた適切な自己開示が重要になってくる。そして，適切な自己開示を互いに行い続けることができれば，次第に二者の関係性は親展していくであろう。

c. オープナー

他者から親密な自己開示を引き出しやすい人を**オープナー**(opener)と呼ぶが(Miller et al., 1983)，具体的には話し手と視線を合わせることが多い，肯定的な表情が多い，話に関心を示す会話パターンを表すといった行動を取る。小口(1990)は，相づちやうなずきを多く行い，話を熱心に聞くといったオープナー度が高い人の方が低い人よりも相手から好意をもたれ，相手からの自己開示量も増えることを実証した。オープナーは“聞き上手”と言い換えられることもあるように，5-2(2)で紹介した聴くスキルは対人関係の親密さを促すためにも有効である。

5-4
求められる対人コミュニケーションの力

近年,「コミュニケーション能力」や「コミュニケーション力」ということばがさまざまな場面で利用されるようになった。たとえば，日本経済団体連合会などが行う調査によると，新卒採用選考時に重視する要素は 12 年連続で「コミュニケーション能力」が第 1 位となっている(日本経済団体連合会, 2016)。では，コミュニケーション力とはどのような力なのだろうか。実のところ，コミュニケーション力の構成概念や定義は学術的には明確にされていない。しかし，既存の類似概念として挙げられるのが，**社会的スキル**(social skill)やソーシャルスキルと呼ばれる概念である(以後は特に区別せず，社会的スキルと記す)。社会的スキルの定義も研究者によって多様だが，たとえば相川(2009)は，社会的スキルを「対人場面において個人が相手の反応を解読し，それに応じて対人目標と対人反応

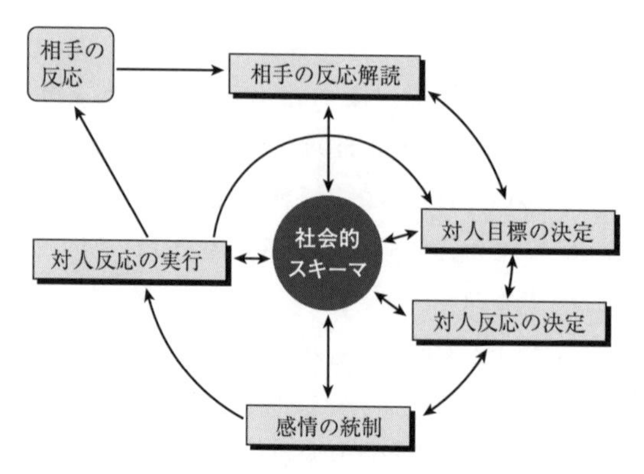

図 5·4　ソーシャルスキル生起過程モデル
出典）相川(2009)

を決定し，感情を統制した上で対人反応を実行するまでの循環的な過程」と定義している。そして，この定義を図示したものが**図 5·4**である。このモデルによると，社会的スキルが高い人は，的確に「相手の反応解読」をし，適切な「対人目標の決定」および「対人反応の決定」をし，さらに「感情の統制」をし，適切かつ効果的な「対人反応の実行」ができる。そして，それらの中心にあるのが「社会的スキーマ」と呼ばれる人間関係に関するさまざまな知識が体系化されたものであり，社会的スキルが高い人は，こうしたスキーマについても適切かつ豊富なものを持っていると考えられる。

では，社会的スキルが高いとか低いというのは，どのように捉えることができるのだろうか。社会的スキルを測定するには，主に他者評定と自己評定があり，他者評定には，面接法，行動観察法，ロールプレイ法，仲間や教師などによる評定法がある。しかし，実施が簡便であることから，自己評定尺度法が用いられることが多く，測定用の尺度も日本語によるものだけでも多種開発されている。菊池(1988)のKiSS-18，榧野(1988)の日本語版SSI，堀毛(1994)のENDE2，相川・藤田(2005)の成人用ソーシャルスキル自己評定尺度，藤本・大坊(2007)のENDOCOREsなどは社会的スキルの多側面を測定可能な尺度であり，日本語版ACT(大坊, 1991)のように非言語的表出性といった社会的スキルの限定的な側面を測定できる尺度もある。ただし，自己評定の妥当性が疑問視されることも多く，測定方法の検討が未だ続けられている。

社会的スキルは学習して獲得するものであり，練習で改善できるものであるとされている(相川, 2013)。社会的スキルを改善するためには，社会的スキル・トレーニング(social skill training: SST)や，学級全体にSSTを実施する社会的スキル教育(social skill education: SSE)が有効である。SSTの基本的な流れは，導入→教示→モデリング→リハーサル→フィードバック→般化となっており，たとえば，図5·4の「相手の反応解読」「対人目標と対人反応の決定」「感情の統制」「対人反応の実行」のように各過程が対象となり，それぞれに関するトレーニングが存在する。

まとめ

- ❏ 対人コミュニケーションは，機能的観点から道具的コミュニケーションと自己完結的コミュニケーションに大別することができ，対人コミュニケーションの効用も多種存在する。
- ❏ 対人コミュニケーションの構成要素には，送り手，メッセージ，チャネル，受け手といったものがあり，これらの各特徴が効果を左右する。
- ❏ 親密性平衡モデル，コミュニケーションの同調傾向，不安のディスクレパンシー・活性化モデルなど，対人関係の進展と密接に関連した対人コミュニケーションの現象がある。

◖より進んだ学習のための読書案内◗

大坊郁夫(1998).『しぐさのコミュニケーション―人は親しみをどう伝え合うか』サイエンス社

☞意外に思われるかもしれないが，日本では対人コミュニケーションに関する社会心理学的研究が多いとは言えず，参考図書も決して多くない。そのようななか，対人コミュニケーションの多側面について，多様な実証的研究をまとめた貴重な書籍である。

深田博己(1998).『インターパーソナル・コミュニケーション―対人コミュニケーションの心理学―』北大路書房

☞研究者向けの専門書というよりは，数少ない対人コミュニケーションのテキストと言える書籍である。自己開示，説得，欺瞞，対人交渉などコミュニケーションの目的別に社会心理学的研究を紹介している章があることも特徴である。

相川　充(2009).『新版　人づきあいの技術―ソーシャルスキルの心理学』サイエンス社

☞ソーシャルスキル(社会的スキル)の「バイブル的存在の書」と言われている書籍で，非常に読みやすく詳細に社会的スキルのことがまとめられている。測定の仕方やトレーニングに関しても記されており，実用的でもある。

◖課題・問題◗

1. あなたは日頃，なぜ他者とコミュニケーションをするのか，思いつくだけ理由を挙げてみよう。

2. テレビのトーク番組を1つ選び，その司会者の非言語的コミュニケーションを観察し，特徴を書き出してみよう。

3. 最も仲の良い友だちと最近知り合った友だちを1人ずつ思い浮かべ，それぞれの人に対するあなた自身の自己開示の特徴を量や深さという側面から振り返ってみよう。

6章

向社会的行動と反社会的行動

援助行動と攻撃行動

◀キーワード▶
向社会的行動，反社会的行動，援助行動，攻撃行動，利他性，共感

人々の社会的行動に価値づけをすることは科学的観点からはできないが，一般に利他的な行動とみられる通常の世俗的価値から望ましい社会的行動と，人々にとって望ましくない破壊的，暴力的な社会的行動は区別することができる。社会心理学の研究者は，他の人の利益になるように自発的に行われる行動を**援助行動**（helping behavior）と呼んで研究している。援助行動には，親切，献血や募金，臓器提供，人助け，ボランティア，災害時の救助などの行動が含まれる。また，他者の利益になる利他的行動全体を総称して**向社会的行動**（prosocial behavior）と呼ぶこともある。他方，社会心理学者は，傷つけたり破壊したりする意図を伴った身体的または言語的な行動を**攻撃行動**（aggressive behavior）と呼んでいる。攻撃行動には，先に述べたような暴力的行為の他に，言語的に加えられる非難や中傷，いじめなどが含まれる。この行動は，また，向社会的行動と対比し

て反社会的行動と呼ばれることもある。ただし，すべての援助行動が向社会的行動というわけでもなく，すべての攻撃行動が反社会的行動というわけでもない。たとえば，暴漢から他者の命を守るために攻撃行動をとるからといって，それが反社会的行動とは言えない。しかし，向社会的行動と援助行動，反社会的行動と攻撃行動には大まかな対応関係が存在する。この章では，向社会的行動の代表である援助行動と反社会的行動とみなされる攻撃行動の促進要因や生起メカニズムについて説明をする。

6-1 人間本性論の問題としての利他性と攻撃性

人間の根本的な本性については古代から洋の東西を問わず，さまざまな人々が考えていた。人間とは，生来的に善なのか，それとも悪なのだろうか？このような人間本性の問題は，古来から哲学の問題であったし，20 世紀になっても，ローレンツ（Lorenz, K.），アイブルーアイベスフェルト（Eibl-Eibesfeldt, I.），ウィルソン（Wilson, E. O.）をはじめとする生物学者達も，人間の本性についての多くのエッセーを著している（竹村, 1992）。このような議論の中で，人間の善の側面としての利他性と，悪の側面としての敵意や攻撃性に焦点があてられることが多い。

人々の中には，自分の命を投げ捨ててでも他者の援助を行う人もいれば，自分の利益のために他者を攻撃して殺害してしまう人もいる。前者の援助の例としては，1982 年のワシントンでの航空機墜落事故で，極寒のポトマック川に投出された乗客の中に，自分に与えられた命綱を 2 度までも他者に譲って，力尽きて死亡した男性がいたことや，2011 年宮城県南三陸町の町職員が東日本大震災による津波が迫る中，防災無線放送で住民に避難を呼びかけつづけ自分自身は行方不明になってしまった女性がいる。また，東日本大震災では，他者を助けようとして犠牲になった人が多数いる。他方，後者の攻撃の例としては，毎日，新聞の三面記事をにぎわせているような，暴力，傷害，殺人，レイプ，虐殺などの行為が挙げられる。また，すでに 70 年以上が経過しているが，第二次世界大戦中のナチス・ドイツのユダヤ人強制収容所や日本軍の中国での集団暴行，集団虐殺などは，いまだに，強烈な印象をわれわれに与えている。また，一方で現在でも世界のあちこちで，集団暴行や虐殺が行われており，人間が本来的に良心を持つのか疑問に思われる事件も今も尚現出している。

このように，人間は，利他的で向社会的な側面と攻撃的で反社会的な側面を合わせ持っているが，これらの人間の行為の実態をさらに詳細に検討することによって，人間本性を考察する上での指針になることが期待できる。

援助行動と攻撃行動の研究は，実は同じ歴史をもっているわけではない。攻撃行動の研究の方がはるかに古い歴史をもっている。20 世紀の前半においては，明らかに攻撃行動の研究が多かった。それは，なぜかというと，第一に，攻撃行動の研究が当時社会的に緊急に必要とされていたということ，第二に，攻撃性よりも利他性の方が複雑な側面をもっていて測定が困難であったことが挙げられる（Mussen & Eisenberg, 1977）。

(1) 攻撃行動の研究

攻撃行動については，古くは，精神分析学の創始者のフロイト

図 6·1　フロイト(Freud, S.)
出典) Wikimedia Cammons
http://politiken.dk/kultur/boger/faglitteratur_boger/ECE1851485/psykoanalysen-har-stadig-noget-at-sige-i-noejagtigt-betitlet-bog/

(Freud, S.)も考察を行っている。彼によると，人間の本能には，生命存続の源としての生の本能(エロス)と攻撃の源である死の本能(タナトス)とがあり，後者の本能の表出が攻撃行動であると考えている。フロイト(**図 6·1**)は，攻撃性が本能的で生得的なものと捉えている。精神分析学とはかなり研究アプローチが異なるが，ローレンツなどの比較行動学者も攻撃性を生得的なものとして捉えている。

しかし，攻撃を避けることのできない本能的な行動としてではなく，学習の結果生じたものだと考える研究者もいる。バンデューラ(Bandura, A.)は，他の社会的行動と同様に，社会的学習の原理に従い，道具的学習と観察学習によって，攻撃性が獲得され維持されると主張した。現代では，攻撃は，学習か本能かという二者択一的捉え方ではなく，人格，認知的要因，感情的要因，状況的要因などの相互作用によって規定されていると考えられている。

近年の攻撃行動の研究としては，神経科学的研究がある。怒りと攻撃に関係のある脳の部位が前頭葉に集中しているという知見もある(Raine, 2008, 2013)。近年の神経科学的研究では，機能的核磁気共鳴画像(fMRI)や陽電子放射断層撮影装置(PET)などの非侵襲的脳活動計測法が発展し，これまで社会心理学者が行動実験のみで扱ってきた知見を神経科学者と協同で明らかにできる体制が整ったことが指摘できる。また，レイン(Raine, A.)らは神経科学的方法を用いて，犯罪を起こしやすい反社会的人格障害者の脳機能を調べるなどしている。また，近年では，神経伝達物質の遺伝的要因から攻撃性を探る研究や進化心理学的な観点にたった研究も増えている。

(2) 援助行動の研究

援助行動の本格的な研究が始まったのは，1960 年代になってからである。その主要な契機の 1 つが 1964 年 3 月に起こった次のような事件である。ニューヨークでキティ・ジェノヴィーズという若い女性が帰宅途中に暴漢に襲われ，刺殺された。その光景を 38 名もの市民が目撃していながら，誰ひとりとして，彼女に援助の手をさしのべず，警察にも通報しなかった。この事件以来，なぜ大勢の人がいながらも誰も援助をしないのか，どうしたら援助がなされるのかという問題に，社会心理学者は精力的に取り組み始めたのである。現在では，攻撃行動の研究と勝るとも劣らない数の研究が援助行動についてなされている。攻撃行動の研究と同様に，援助行動も，現在では，認知的，感情的，状況的要因などの相互作用によって規定されていると考えられている。

ペンナーら(Pennenr et al., 2005)は，援助行動や向社会的行動の研究をレビューして，メゾレベル，ミクロレベル，マクロレベルの三水準に分けて考察している。これによると，メゾレベルでは，特定文脈での援助者─被援助者の二者関係を扱う分析であり，1960

年，1970 年代にラタネとダーリー（Latané, B. & Darley, J. M.）によって行われた援助行動の抑制要因の研究など，どのような状況で援助が行われやすいかなどの研究や 1980 年代や 1990 年代に行われた援助動機や援助の意思決定過程の研究などがこの分析に含まれる。第二のミクロレベルでは，向社会的行動の進化論的な起源や互恵性の進化やその多様性の原因を探る分析であり，どちらかという生物学的なアプローチであり，心理学の領域では，2000 年代以降に広まった。第三のマクロレベルは，集団や組織における向かう社会的行動を扱う研究であり，組織内でのボランティア行動やその意思決定を扱うような分析である。これらの研究も 2000 年代以降に盛んになっている。また，攻撃行動の研究と同様に，脳機能画像などを用いた神経科学的研究も行われるようになっている。

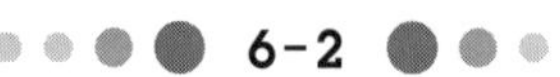

6-2 援助行動の規定因

(1) 援助行動と人格

「なぜ援助行動がなされるのか」あるいは「なぜ援助がなされないのか」という疑問に一番簡単に考えることができそうなのは，性格や人格による説明だろう。すなわち，援助をよくする人は性格的に思いやりがあり愛他的であり，援助をしない人は冷淡で利己的であるというような考え方である。あるいは，援助行動をよくする人としない人の間には何等かの人格的特徴の差があるだろうという考え方である。

ラシュトン（Rushton, 1984）は，約 200 名の大学生を対象にして自己報告された援助行動傾向とさまざまな人格傾向との関係を検討した。その結果，援助行動傾向は，さまざまな人格傾向と統計的に有意な関係をもっていた。特に，利他性と正の相関を示すのが社会的責任性，共感性，養護欲求などであり，負の相関を示すのがマキャベリズムであった(Rushton, 1984)。しかし，得られた関係は，分散の説明率の観点から言うと最大でも5パーセント以下であり，あまり高くない。

また，人格と援助行動との関連を検討した研究の多くは，その関連性を見いだしていないし，研究間で一貫した結果を得ていない(Latané & Darley, 1970；原田・狩野, 1980)。このように，援助行動が何らかの人格と強い関係をもっているという発想からの研究はあまり成功しているとは言えない。

近年，ペンナーら(Penner et al., 1995; Penner & Orom, 2010)は，向社会的行動と人格傾向との関係を探るために，向社会的人格志向性(prosocial personality orientation)という概念を考えている。このアプローチによると，第一に，他者志向的共感性(other-orientated empathy)の高い者は，責任感が強く，他者の困窮に対する感受性が高く，援助行動と関係がある。また，第二に，援助性(helpfulness)の高い者は，行動レベルでの援助率が高い。ペンナーらが示唆したように，援助行動は，共感によって促進されることがわかっている。コークら(Coke et al., 1978)は，他者の視点をとることは，共感的感情を高め(第1段階)，共感的感情は援助行動の動機づけを高める(第2段階)という2段階モデルを提案し，実験によってそのモデルの妥当性が高いことを示している。このような共感が援助行動を促進するという仮説は，さまざまな形で支持されている(Batson, 2011)。

また，ひと口に援助行動と言ってもいろいろあるので，その援助の状況別に人格との関係をみれば，何らかの関連が得られるという指摘もあり(たとえば，原田, 1990)，ペンナーら(2005, 2010)によっても援助行動と人格要因の関係は見出されているが，しかし，援助行動と人格との関係は，後に述べる攻撃行動と人格との関係に比べて比較的弱いと言える。

(2) 状況的要因

援助行動の規定因として従来からさまざまな状況要因が研究されてきた。ラタネとダーリー((Latané & Darley, 1970)は，キティ・ジェノヴィーズ事件のように傍観者が援助をしないことの原因として，一般的によく言われるように，都市化や近代化によって人間が冷淡になったり，道徳心が欠如していったのではなく，状況的な要

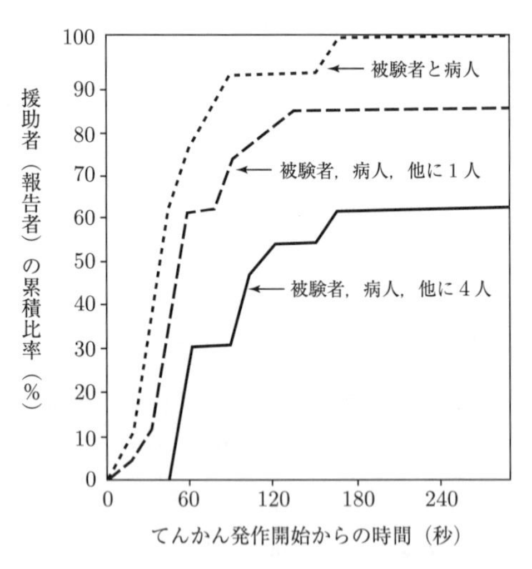

図6·2　自分だけ，他に1人，他に4人が発作を聞いたと思った場合の援助者の累積比率
出典）Latané & Darley (1970)

因が援助の抑制を促していることを実験的に示した。彼らは，周囲にいる人の数が多いほど，かえって援助は抑制されるという知見を見いだしたのである。この現象は**傍観者効果**(bystander effect)と呼ばれている。

彼らの実験研究の1つでは，てんかん発作をおこした人への援助行動が調べられた。実験参加者がてんかんの発作を起こした人を助けるために部屋を出て実験者に知らせに来るまでの時間の累積分布を図**6·2**に示した。これに示すように，グループ人数が多いほど，反応時間が遅く，援助率も低かった。ここで，興味深いことは，実験参加者が明らかに他者の存在に影響を受けていたにもかかわらず，そのことに全然気づかなかったということである。状況効果は，あまり人々から意識されないところで強くあらわれているのである。

(3) 感情的要因

感情と援助行動に関する研究は，40年以上も前から盛んに研究されており，最も数多くの知見が生み出されている。これまでの研究は，ポジティブな感情になるように実験的に操作された実験参加者が，統制群の実験参加者に比して，一般に，他者をより援助することを明らかにしている(Isen, 1987)。また，これまでの研究結果は，この援助傾向が成人や児童にも見出されることを示している(Isen, 1987)。これらの援助行動に関する研究では，感情の操作は，無料で景品を渡したり，公衆電話の釣銭口にコインを故意に置いておいたり，また，課題に成功したという偽のフィードバックを与えたり，過去に起こったポジティブな出来事やネガティブな出来事を考えさせたり等の種々の方法を用い，さらに，援助に関するさまざまな指標を用いているのにもかかわらず，概ね同様の結果を示している。たとえば，松井・堀(1976)は，学生に創造性テストを実施し，偽のテスト結果を伝えて実験参加者の感情を操作している。実験参加者の半分は，「とても良い成績であった」と伝えられ，残り半分は「ひどく悪い成績であった」と実験者に言われた。実験室を出た実験参加者は，別の学生からデータ処理の手伝いを頼まれた。その結果，良い成績と伝えられた群の方が，有意に多く手伝いを引き受けた。また，アイセンとレビン(Isen & Levin, 1972)は，実験条件として商店街の公衆電話の釣銭口にコインを実験者が故意に置いておく群と何も置かない統制群を設け，公衆電話利用客の援助行動を観察した。その結果，コインを拾った実験条件の実験参加者は，統制条件の実験参加者に比して，見知らぬ通行人(サクラ)に対しより援助することが明らかになった。

しかし，このポジティブな感情の援助行動の促進効果には，ある制限条件がある。すなわち，以下に示すような環境条件のもとでは，この援助促進効果は観察されないのである。すなわち，アイセンとシモンズ(Isen & Simmonds, 1978)は，援助することが実験参加者を鬱的な気分にさせる可能性のある場合，ポジティブな感情条件の実験参加者は統制群の実験参加者に比して，援助をしない傾向にあることを見出している。また，フォレストら(Forest et al., 1979)の研究は，ポジティブな感情にある実験参加者は，統制群の実験参加者に比して，好きな人間をより援助する傾向があるが，嫌いな人間をより援助しない傾向があることを見出している。また，カニンガムら(Cunningham, Steinberg, & Grev, 1980)は，陽気な気分と罪の意識は，それぞれ個別に援助行動を増加させるであろうが，陽気な気分と罪の意識を引き起こす刺激を並列提示すると，その相互作用によって，援助行動は増加しないであろうという予測をたてて，実験を行った。実験結果は，カニンガムらの仮説を支持したのである。このように感情は，援助行動を促進する傾向があるが，カニンガムらの研究が示すように，短時間の愛他に複数の感情が生起してしまうと，援助行動を抑制してしまう傾向があるようである。おそらく，複数の感情が生起すると，感情の処理に援助の意思決定過程における情報処理が干渉されて，援助率が低下するのではないかと考えられる。

(4) 認知的要因

援助行動は，種々の認知的判断の結果生じると考えることができる。まず，援助の意思決定過程に，困窮者の原因の帰属の仕方が影響を及ぼすことが知られている。

ワイナー(Weiner, 1980)は，あまり知らないクラスメートに講義ノートを貸してほしいと頼まれた場合の，援助意思を従属変数とする実験を行っている。ノートが必要になった理由としては，統制の所在，統制の可能性，安定性の3次元をそれぞれ2水準操作した計8種類の理由が用いられた。**表6･1**に示したように，困窮の原因が，内的で統制可能な状況(本人が怠けてノートをとらなかった場合)に

表6･1　被援助者の困窮原因の帰属と援助行動意図との関係

統制の所在	統制可能性	
	統制可能	統制不可能
内的	3.13	6.74
外的	7.35	6.98

注）大きい数値ほど援助行動意図が高い。
出典）Weiner(1980)をもとに作図

おいて，もっとも援助の意思が低かったのである。

また，竹村と高木(1985)は，情報モニタリング法と呼ばれる意思決定過程追跡技法を用いた実験を行い，援助行動の意思決定過程における要因の認知的重要度を検討した。実験の実験参加者は，献血や臓器提供を要請される場面にあって，5つの可能な行動選択肢の中から1つの行動を選ぶよう教示された。この実験では，パソコンでの情報検索を通じて，実験参加者が意思決定にあたってどのような情報を検討し，考慮したかが明らかになるようになっている。その結果，実験参加者は，その行為に伴う自分の損失と提供相手の被害の軽減性を最もよく考慮して，意思決定を行ったことが明らかになった。

その後，松井(1991)は，情報モニタリング法を使って，種々の援助行動の意思決定過程を検討したが，行動の種類に応じて，認知的判断の過程が異なることを明らかにしている。

6-3 援助行動についての状況要因の分類と諸要因を取り込んだ意思決定モデル

(1) 援助行動についての状況要因の分類研究

援助行動についての人格などの諸要因の分析結果は，錯綜していることが多いが，なぜこのような結果が出るのかということの理由に，状況要因の整理が十分でないということが挙げられる。ひと口に援助行動といってもいろいろあるので，その援助の状況別に検討しなければ明確な関連性を見いだせない。原田(1991)は，このような考えから，まずさまざまな援助行動を7つの型に分類し，社会的外向性や共感性などの計 12 の性格特性と各援助行動型の経験との関係を検討している。また，竹村・高木(1987)は，高木(1982)が分類した 7 つの行動型ごとに内的・外的統制志向性尺度と 25 種類の援助動機との関係を検討している。これらの研究が示す結果は，状況の性質，要求される援助行動の性質によって人格的要因と援助行動の結びつきが異なるというものであった。以上のように人格的要因との関連性の研究を行う際には援助行動をいくつかのタイプに分類しておいた方がよいことが明らかになったが，他の理由からも援助行動の類型化は重要であると考えられる。

援助行動の規定因として従来からさまざまな要因が研究されてきた。たとえば，先に示した周囲にいる人の数が多いほど，かえって援助は抑制されるという傍観者効果の知見(Latané & Darley, 1970)は，状況に応じて援助行動の生起過程が異なることを示唆している。

援助行動は，その他，援助者や被援助者の性別，年齢などさまざまな要因に影響を受けることが知られている。しかし，困ったことに，これらの要因の効果が，ある場合にはまったく見出されなかったり，ある場合にはまったく逆転するのである。このような研究結果の食い違いの 1 つの原因として，援助状況や行動の型を充分に体系化して分類していないということが挙げられる。

このような問題意識のもとに，わが国では高木(1982)が，オーストラリアではスミソンら(Smithson, Amato, & Pearce, 1983)が援助行動の分類学的研究を行った。高木(1982)は，クラスター分析を用いて，援助行動を図 **6·3** のように 7 つのグループに分類した。また，これらのグループを特徴づける次元として，①社会的規範の指示，②個人的規範の指示，③援助出費があることを，調査データから明らかにしている。

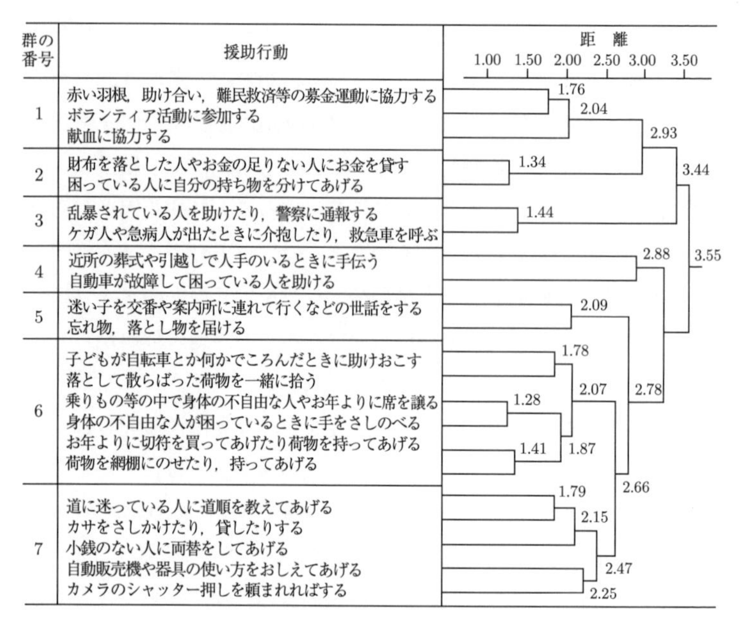

図 6·3　援助行動の 7 つのグループ

出典）高木(1982)

また，スミソンら(1983)は，多次元尺度法やクラスター分析を用いて，62 種類の援助行動が，①緊急事態への介入，②形式ばった組織的な援助，③見知らぬ人に対する形式ばらない，気まぐれな，ありふれた援助，④寄付・分与の 4 群に分かれることを明らかにした。また，彼らは，さまざまな援助行動が，①計画性・形式性，②重大性，③分与寄付性・介入の直接性などの次元によって位置づけられることを明らかにした。

以上のように，援助行動の状況要因の整理がなされたが，援助行動においては，攻撃行動に比して，認知的判断過程の比重が高い分だけ，かなり錯綜したプロセスを通じて行為が実行されると考えられる。そのような中で，援助行動に至る意思決定過程をモデル化して，今後の研究に役立てようとする研究アプローチが現れてきた。これまでに，数多くの援助行動の意思決定モデルが提案されている（竹村・高木, 1987, 1988；松崎・浜崎, 1990 参照）。

(2) 緊急事態の援助行動の意思決定モデル

災害などの緊急状況の援助行動研究において，ラタネら（Latané & Darley, 1970）は，緊急事態での援助の生起や非生起の現象を説明するには，援助や非援助に至る認知的判断過程を解明することが有効だと考えて，一連の５段階からなる意思決定モデルを提案している。すなわち，①緊急事態への注意，②緊急事態という判断，③個人的責任の受容の決定，④特定の介入様式の決定，⑤介入の実行という段階であり，各意思決定段階において，他者の存在などの状況要因が影響を及ぼすとしている。

また，緊急事態の援助行動の意思決定には，生理的覚醒も重要な役割を演じることが知られている。ピリアヴィンら（Piliavin et al.,

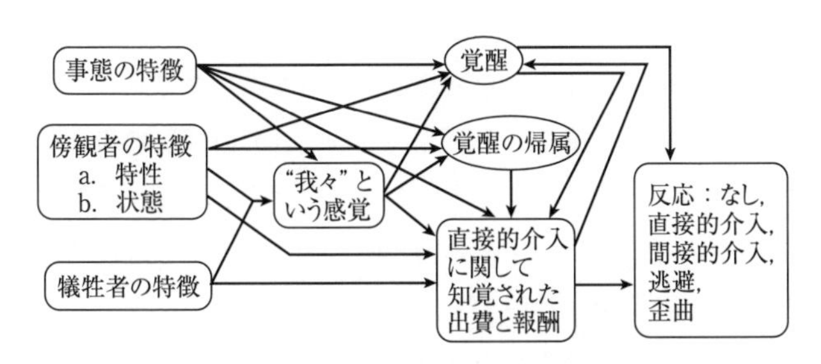

図 6･4　生理的覚醒を取り入れた援助の意思決定モデル
出典）Piliavin et al.（1981）をもとに作図

1981, 1982)は，**図 6·4** のような緊急時の援助行動の生起モデルを提唱している。このモデルによると，緊急事態での犠牲者の観察が，潜在的援助者を生理的に覚醒させる。この生理的覚醒状態は，不快であるので，この覚醒を低減しようという動機づけが働き，その覚醒を最も急速に効率的に低減するような反応が出費と報酬の計算をもとにして選択される。ピリアヴィンら(1981)は，皮膚電気反応(galvanic skin response)という生理的に覚醒した時に発汗量の増加によって抵抗が減少することを利用して測定した値による覚醒水準が高いほど，援助行動への潜時が短いことを，確かめている。

(3) 援助行動の意思決定過程の総合モデル

松井(1991)は，従来の意思決定モデルの検討といくつかの実証研究の結果を総合して，**図 6·5** に示すような状況対応モデルを提案している。このモデルでは，援助の意思決定に生起する心理過程を 5 種類に分類しており，意思決定過程が援助状況の類型によって異なると指摘している。また，竹村・高木(1988)も向社会的行動の意思決定過程のモデルを状況要因で整理して，意思決定過程の検討を行っている。

高木(1982)やスミソンら(1983)による援助行動や援助場面の類型化研究は，従来うまく統合できなったさまざまな知見をうまく体系化できるものと期待できる。しかし，これで研究上の問題がすべて解決できるわけではない。すなわち，状況や要求される援助行動の性質やその行動を規定する要因が明らかになっても，援助に至るどの段階でその要因がきいてくるのかはわからない。また，ある時点では，当該の要因が促進的に働くが，別の時点では，その要因が抑制的に働くということも考えられる。そのために，援助行動の意

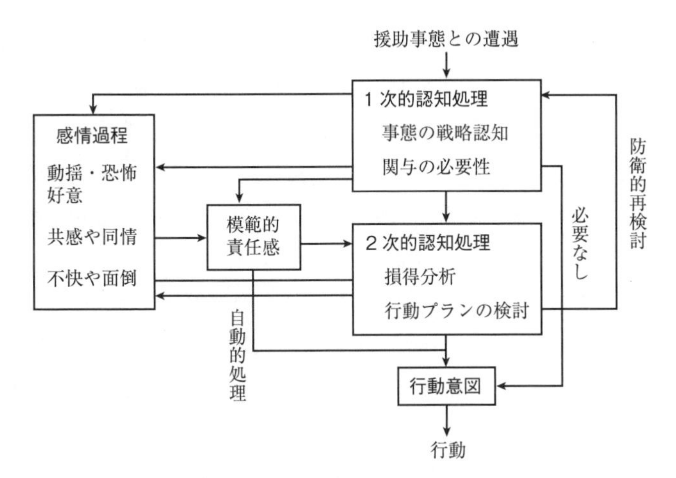

図 6·5　援助行動の意思決定過程に関する状況対応モデル
出典）松井(1991)

思決定のプロセスを検討することが必要になってくる。

このような意思決定プロセスをモデル化するようなアプローチが近年多くの研究者によって採用されるようになってきた。松井(1989)によると，意思決定モデルによるアプローチには，①複数の理論の統合可能性，②研究知見の体系化，③実証可能性の 3 点の利点がある。

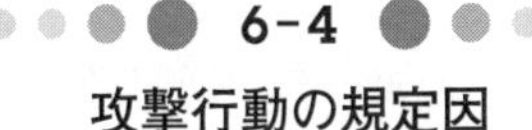

6-4 攻撃行動の規定因

(1) 攻撃行動と人格

攻撃行動は，援助行動に比べ，個人の人格的要因により強い影響を受けることが知られている。クレブスとミラー(Krebs & Miller,

1985)は，今までの研究を概観して，攻撃性は，利他性に比べて，状況間で一貫しているし，時点間でも安定していると結論づけている。

バス(Buss, 1986)は，攻撃性に関する人格特性を測定する質問紙を作っている。攻撃の主要な2つの様式は，身体的攻撃と言語的攻撃である(**表6·2**)。これらの人格特性は，互いに相関するが，概念的には独立の傾向を測定するものと捉えられている。

また，クレブスとミラー(Krebs & Miller, 1985)は，個人の示す攻撃行動が，援助行動と比べて，状況間で一貫していると述べている。攻撃行動を支える人格的変数として，第1に考えられるのが，**攻撃性**(aggressiveness)である。攻撃性は，身体的攻撃性と言語的攻撃性に分けられる(Buss, 1986)。これらの2つの特性は，互いに相関するが，概念的には，独立のものである。これらの攻撃性と正の相関を示すのが，タイプA人格，支配欲求，権威主義的人格，パラノイド的人格などであり(大渕, 1996)，負の相関を示すのが共感性などである(Aronson, 1980)。タイプA人格は，心臓血管系疾患との関連で注目されている人格のタイプであり，野心的，精力的，時間的切迫感を常に持つなどの特徴を持つ。また，権威主義的人格は，因習的な権威に盲従して，権威に従わない者を攻撃・排斥する傾向がある。

近年では，人格的要因の神経科学的研究も行われている。また，レイン(Raine, 2013)は，前頭前皮質の機能不全によって，衝動性の増大，自制能力の喪失，行動の調整や抑制能力の欠如が起こり，暴力的な行動をとりやすいと報告している。彼は神経科学的方法を用いて，犯罪を起こしやすい反社会的人格障害者や殺人者の前頭前皮質の活動が低いことを明らかにしている。

表 6·2　攻撃傾向に関する人格尺度

A.　身体的攻撃尺度

①ときどき，人を痛めつけてやりたいという衝動を抑えることができない
②どんな場合でも，人をなぐることに正当な理由があるとは思えない（逆転項目）
③なぐられたら，なぐりかえす
④自分や家族を侮辱されたら，なぐりかえす
⑤しつこく悩ませる人には，一発おみまいしてやるとよい
⑥相手が先に手を出しても，やりかえすことはほとんどない（逆転項目）
⑦本当にかっとなったら，人をなぐることがある
⑧他の人と同じ程度に，けんかをする
⑨権利を守るためにやむを得ない時には，暴力も辞さない
⑩ある人たちがあまりにしつこいので，なぐりあいのけんかになったことがある

B.　言語的攻撃尺度

①友だちの行動に賛成できない時には，はっきりいう
②他の人とよく意見の対立をする
③意見が対立した時は，徹底的に議論しないと気がすまない
④自分の権利は遠慮しないで主張する
⑤怒っても，激しい言葉は使わない（逆転項目）
⑥誰かに不快感を抱くと，相手に対して思っている通りのことをいってしまう
⑦どなる相手には，どなり返してやる
⑧かっとなると，かなりことばが悪くなる
⑨相手が悪い場合でも，いいたいことがいえない（逆転項目）
⑩実行する気はないが，よくおどし文句を使う
⑪いいあいになると，声が大きくなる
⑫人について批判めいたことは口にしない（逆転項目）
⑬いいあいになるよりは，自分がゆずったほうがよい（逆転項目）

出典）Buss（1986），大渕（1991）

(2) 感情的要因

怒りの感情は，攻撃行動においての主要な原因になっている。これまでの研究は，怒りの感情が攻撃行動に影響を及ぼすことを明ら

かにしている。たとえば，電気ショックを多く受けて挑発されることによって怒りの感情をもっている実験参加者は，より強い攻撃を示すことが明らかになっている(Berkowitz & Geen, 1966)。

攻撃行動は，いらいらしたり，不快に感じたり，怒ったりするようなネガティブな感情(negative affect)によって，促進されることがわかっている。たとえば，気温が高い不快な環境では，攻撃行動が促進される(Bell & Baron, 1990)。バーコウィッツ(Berkowitz, 1983, 1984)によると，嫌悪的環境刺激や経験によって，怒りなどのネガティブな感情が喚起されると，それとほとんど同時に，ネガティブな感情と連合した記憶や認知などが喚起される。このために，ネガティブな感情は，自動的に攻撃反応傾向を高める。次に生起する高次の認知過程は，実際の攻撃行動を抑止する機能をもっているが，その前の段階で，適当な外的解発刺激が与えられると，高次の認知的過程を迂回して，衝動的な攻撃反応が生じることもある。しかし，この感情の効果は，ベルとバロン(1990)によると，ネガティブな感情が強すぎると低くなる。

大渕と小倉(1984)は，調査対象者に怒りの実体験を自己報告させたところ，人々は，思い出せる範囲で，平均2から3回，怒りを喚起させる出来事を経験していた。このように，怒りの感情は，多くの者が日常的にもつものであり，攻撃行動の主要な原因でもあるが，必ずしも怒りが攻撃行動に結びつくとは限らない。次に述べる認知的要因や状況的要因が怒りによる攻撃行動を抑制したり，促進すると考えられる。

大渕(2011)は，欲求不満が怒りなどの不快情動を引き起こし，それが攻撃行動を促進するとしている。ただし，制御的認知過程による自己制御によって，怒りが起こっても攻撃行動が抑制されるとしている。

(3) 認知的要因

攻撃行動は，加害者と被害者との相互作用の結果生じると考えられる。他者から不合理と思われる仕打を受けた場合，人々は攻撃的になることが知られている(大渕, 1982)。大渕は，一般に人々から不合理と判断されやすく，それゆえ攻撃を喚起されやすい原因を**表6･3**のようにリストアップしている。

また，攻撃行動は，他者に悪意があると推測された場合，増加する。大渕と神原(1985)は，女性実験参加者を用いて，攻撃行動が，受けた被害の大きさよりも，相手に悪意があるかどうかの判断によって，決定されることを明らかにしている。彼らの実験では，実験

表6･3　被害に関する原因情報の分類

A. 不合理な原因

①攻撃意図：加害者は被害者を苦しめようと意図していた
②自己中心的動機：攻撃意図はないが，加害者の身勝手な行動によって生じた被害
③過失・怠慢：加害者の過失・怠慢・不注意によって生じた被害
④情報欠如：被害の発生に関して正当な理由が呈示されないと，人は不合理な原因を推測する傾向がある

B. 合理的な原因

①事故：まったく偶然の出来事によって生じた被害
②強制・社会的圧力：加害者は権威者の命令や強制にしたがってあるいは合法的役割遂行の結果として，被害者に被害を与えた
③異常態：加害者が幼年，老齢，心身傷害などの異常態があった
④利他的動機：加害者は被害者の利益のためにその行動を妨害した(たとえば，しつけ)
⑤自業自得：被害者自身の不心得や社会的に容認されない欲求行動のために起こった被害

出典）大渕(1982)

参加者は，相手が自分に強い電気ショックを与えようと意図していると思っている時は，実際に受けた電気ショックの強さとは無関係に強い攻撃を加えたが，反対に相手にその意図がなかったと思った時には，たとえ実際には強い電気ショックを受けていても，攻撃を控える傾向があったのである。

ジルマン（Zillman, 1971, 1983）は，攻撃行動が，心拍数の増大などによって特徴づけられる自律神経系の覚醒状態である生理的覚醒と認知過程の相互作用によって促進されることがあることを示した。ドライブ中にハンドルをきりそこないかけてハッとするなどの経験によって生理的に覚醒すると，この生理的覚醒の原因の帰属分析が行われる。このとき，生理的覚醒が低減しないうちに続けて，同乗車から嫌味を言われるなどの怒りを誘発するような経験をすると，この生理的覚醒の原因をその怒りを誘発するような経験や刺激に帰属することがある。この場合，怒りは助長され，攻撃行動が促進される。しかし，生理的覚醒が，上記の原因に帰属されないと，怒りは助長されることはない。

(4) 状況的要因

援助行動と同様，周囲の他者が，攻撃行動に影響を及ぼすことが明らかになっている。ミルグラム（Milgram, 1963）は，7章で示すように，グループの一人ひとりは攻撃的でないのに，集団になると攻撃的になるメカニズムを明らかにしている。彼は，どの程度多くの実験参加者が，実験者の命令に服従して，用意された最強の電圧まで，仲間の実験参加者に与える電気ショックの水準を上げていけるかを検討した。実験に先だって，彼は，精神科医，大学生，一般成人に自分ならどうするかを尋ねた。強烈な電気ショックを与えると答えた者は，1％にも満たなかったが，実験では65％の実験参加者が最強のショックを与えることに服従したのである。

また，ジンバルドー(Zimbardo, 1970)によると，集団における個人の匿名性が，攻撃性を促進することを実験的に示した。彼は，女性のグループに，他の女性に電気ショックを与えるように教示し，ガラス窓を通して，女性の苦痛反応をみることができるようにした。匿名性条件では，暗い実験室でだぶだぶの実験室用コートと顔を覆うフードが着せられた。一方，非匿名性条件では，明るい部屋で，名札をつけ，たびたび名前で呼ばれ，グループ内の他者の顔が互いに見えるようになっていた。結果は，匿名性条件では攻撃性が増大し，ショックは長らく与えられることが明らかになったのである。

6-5 攻撃行動の意思決定モデルと援助行動との関係

(1) 攻撃行動の意思決定モデルと統合的モデル

大渕(2011)は，衝動的な攻撃行動に関しては，図6·6に示したような心的過程のモデルを作成している。これによると欲求不満によって発生した怒りなどの不快情動は，攻撃行動をとりたいという欲

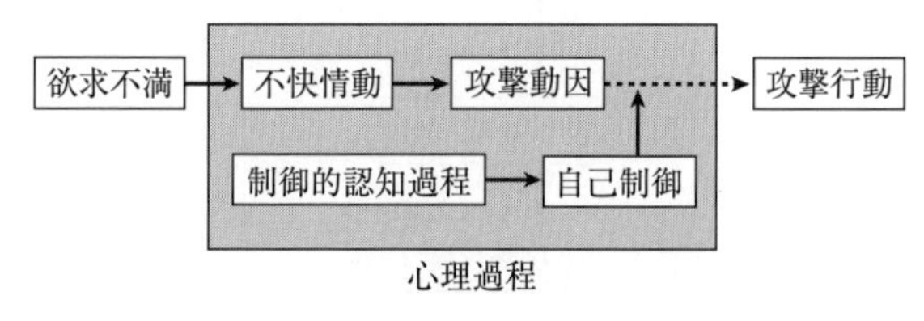

図6·6 欲求不満による衝動的攻撃性
出典）大渕(2011)

求(攻撃動因)を生み出す。しかし，この図にあるように，欲求不満を経験した人がすべてが攻撃的になるわけではなく，攻撃行動が社会規範に合致しているか攻撃行動を行ったときに何が起こるのか，攻撃を行ったときに社会非難はないのかという認知的制御過程により，攻撃行動の自制をするという自己制御が行われることもある。

大渕(1993, 2011)は，攻撃行動がこのような衝動的なものだけでなく，戦略的な側面を持つことを考えて，衝動的な攻撃は人間の情報処理の自動過程に，戦略的な攻撃は制御過程による情報処理の二過程説のモデルを提案している(図6·7参照)。このモデルによると，嫌悪事象が攻撃行動を発動させる始発刺激である。嫌悪事象は，不快情動を発生させやすく，連合ネットワークを通じて自動的に攻撃動機づけを生み出す。また，このモデルによると，制御的認知過程が自動的認知過程で形成された攻撃動機づけを再評価して，適応的に修正する働きがある。このように制御的認知過程を通じた

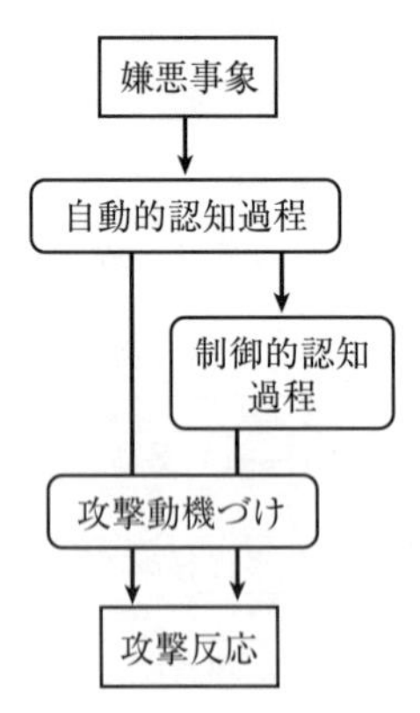

図6·7　攻撃の二過程モデル
出典）大渕(2011)

攻撃行動を，戦略的攻撃と呼び，自動的認知過程から直接に生み出された反応を衝動的攻撃とみなすことができるのである。大渕(2011)はこのモデルを確かめるさまざまな実験や調査を行っている。

(2) 利他性と攻撃性の関連性

援助と攻撃は正反対の概念なので，利他的な人格の人は攻撃的でないと仮定することは常識から考えておかしくないかもしれない。しかし，その仮定は事実と違っている。

援助行動と攻撃行動との関係について調べたフェシュバックとフェシュバック(Feshbach & Feshbach, 1986)は，援助行動と攻撃行動との関係が，必ずしも対照的な関係にあるのではなく，それらの関係が年齢や性別によって異なると結論づけている。彼らは，幼稚園や就学前の児童においては，攻撃的傾向の高い者が援助的な傾向も高いことを報告している。この関係は，男子児童においてのみ顕著なものではあるが，生来的には援助的傾向と攻撃的傾向が必ずしも対照的なものではないことを示唆している。

フェシュバックとフェシュバック(1986)は，幼稚園児以降になると，愛他的な人格の人は攻撃的でなく，攻撃的な人格の人は愛他的でないという関係が見いだされるようになると報告している。つまり，援助傾向と攻撃傾向が対照的な関係になってゆくのである。

しかし，愛他性と攻撃性との関係は，成人においても必ずしも対照的な関係であるとは言えない。この関係は，認知的，感情的，状況的要因によって変わると考えられる(Zahn-Waxler, Cummings, & Iannotti, 1986)。

援助行動と攻撃行動を比較すると，いずれも人格的要因，認知的要因，感情的要因などの影響力の強さに関して若干の相違がある。先にも報告したように，攻撃行動は援助行動に比べてより人格的要因の影響を受ける。また，援助行動は，認知的要因が行動に影響を及ぼす比重が高いが，攻撃行動は，逆に感情的要因が行動に影響を及ぼす影響が強い(Krebs & Miller, 1985)。これに対応して，援助行動に関しては，規範意識，共感能力，道徳的推論，意思決定過程などの認知的要因の研究が多いのに比して，攻撃行動に関しては，怒りなどの感情的要因の研究が多い。

援助行動と攻撃行動は，それぞれ相違なる理論によって多くの社会心理学者に分析されてきたが，同じ理論的枠組のもとで分析することも可能である。

クレブスとミラー(1985)は，**図6·8**のように援助行動と攻撃行動の規定要因を概念化している。このように，攻撃と援助は，対人行動においての可能な行動選択肢と考えることができる。近年の援助行動と攻撃行動の研究は，いずれも感情による自動的な側面と認

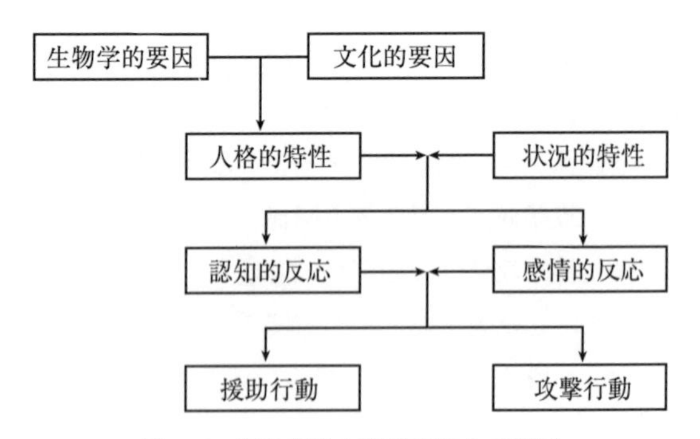

図6·8　援助行動と攻撃行動との関係
出典）Krebs & Miller (1985)

知的制御過程を取り入れた意思決定論的側面を強調している。

(3) 利他性と攻撃性の起源の問題

生物学者のトリヴァース(Trivers, 1985)は，進化論的アプローチに立って，利他性の問題について考察し，人類の進化において利他的感情が人間同士の互恵的な社会関係を築くうえで大きな役割を果たしていただろうと述べている。これと同様な考えは，戸田(1992)の感情のアージ理論(urge theory)にも認められる。戸田は，他者への利他的な感情が，人類が進化の過程で，野生環境を背景として獲得してきた行動選択・実行用のシステムである可能性を指摘している。彼は，このようなシステムを**アージ・システム**(urge system)と呼び，アージ・システムの状況別の活動プランを「アージ」と呼んでいる。彼は，利他性に基づく「援助アージ」の野生環境適応機能の中で最も重要な部分が，人間に集団を作らせ，相互に協力・援助させる働きであるだろうと述べている。また，彼は，このような援助アージは，場面集中的だが迅速な情報処理を可能にするので，外敵が多く危険の高い野生環境のなかでは，非常に適応的であると述べている。また，戸田によると，怒りの感情に基づく攻撃行動も野生環境の中で自分の縄張りを維持するうえで適応的であると説いている。

人間の利他性や攻撃性などの本性についての問題を考えるにあたっては，何が利他的でなく何が利他的であるかが明確に経験的に定義できないので，究極的な答えを社会心理学のような経験的研究から明らかにすることはできない。しかし，人間性とは何かという古代思想や哲学から続く大きな問題を経験科学的に追及している社会心理学の伝統からすると，この問題に接近する意義は大きいと考えられる。また，このような人間性に関する問題は，教育や政策の基礎になっていることを考えると，実践的な立場からも重要であると考えられる。

まとめ

- 社会心理学の研究者は，他の人の利益になるように自発的に行われる行動を援助行動と呼んで研究している。援助行動には，親切，献血や募金，臓器提供，人助け，ボランティア，災害時の救助などの行動が含まれる。また，他者の利益になる利他的行動全体を総称して向社会的行動と呼ぶこともある。
- 他方，社会心理学者は，傷つけたり破壊したりする意図を伴った身体的または言語的な行動を攻撃行動と呼んでいる。攻撃行動には，先に述べたような暴力的行為の他に，言語的に加えられる非難や中傷，いじめなどが含まれる。この行動は，また，向社会的行動と対比して反社会的行動と呼ばれることもある。
- 援助行動は，共感性，ムード，生理的覚醒，他者の存在などによって影響を受ける。他者の存在によって，援助行動が抑制される現象を傍観者効果と呼ぶ。援助行動は，緊急時と非緊急時では意思決定過程が異なる。
- 攻撃行動は，欲求不満，不快情動，生理的覚醒などによって影響を受ける。自動的過程による衝動的攻撃と認知的制御過程による戦略的攻撃がある。
- 攻撃行動と援助行動は，発達的に対照的な関係を示すわけではない。
- 向社会的行動と反社会的行動の研究は，人間の本性という思想的問題に直接答えを出すことはないが，密接な関係がある。

より進んだ学習のための読書案内

ラタネ, B.・ダーリー, J. M.／竹村研一・杉崎和子(訳)(1977).『冷淡な傍観者—思いやりの社会心理学』ブレーン出版

☞援助行動の研究のパイオニアである著者による書籍であり，援助行

動における傍観者効果やその意思決定のメカニズム，援助行動の研究例などがわかりやすく解説されており，また，援助行動の社会心理学が何を目指していたのかについて語られている。

バトソン，C. D.／菊池章夫・二宮勝美(訳)(2012).『利他性の人間学―実験社会心理学からの回答』新曜社

☞共感性が利他性を促進するという仮説を，実験社会心理学の方法論を使って検討した研究書であり，著者の利他性の問題についての考えも詳しく扱われている。共感に基づく援助行動の研究がどのようになされ，また，他の分野の研究とどのような関連をもつのかについても興味深く書かれている。

大渕憲一(2011).『新版　人を傷つける心―攻撃性の社会心理学』サイエンス社

☞攻撃行動の研究において，国際的にも優れた研究者である著者により，社会心理学の知見から攻撃性について書かれた本である。旧版の内容を一新して，近年の新しい展開も紹介されている。

《課題・問題》

1. 傍観者効果は，どのようにして生じるのか具体的な事例をもとに考えてみよう。

2. 緊急時と非緊急時の援助行動の意思決定において，どのような要因がそれぞれ強く働きやすいかを考察してみよう。

3. 社会における反社会的な攻撃行動を抑制するには，どのような具体的な方法があるか日常生活の例を用いて考えてみよう。

7章

態度と社会的影響

社会的行動の変容過程

◖キーワード◗
態度，態度測定，態度変容，説得，同調，服従，社会的影響

人々の社会行動を説明する際に，社会心理学では，**態度**（attitude）という構成概念を用いることが多い。態度というのは，日常生活で用いられている「彼は態度が悪い」というような価値判断を含んだ概念ではなく，社会的行動の準備傾向であると解釈されており，通常は，好き嫌いという感情的要素を含むものと考えられている。また，態度が変化することを態度変化，あるいは**態度変容**（attitude change）と呼び，他者を納得させて態度変容あるいは行動変容を変化させる行為を**説得**（persuasion）と呼んでいる。

また，人々の態度や行動が他者の存在やコミュニケーションなどによって変容することを**社会的影響**（social influence）と呼んでいる。説得による態度変化も社会的影響過程に含まれる。また，個人の態度や行動が集団の基準に一致した方向に変容する社会的影響を**同調**（conformity）と呼び，権威や権力をもつ他者からの命令や指示に従う社会的影響を**服従**(obedience)と呼んでいる。たとえば，政治家の演説によって，人々がある政策に対する態度を肯定的な方向にもっていった場合，態度変容が起こったと解釈でき，政治家は説得による社会的影響を人々にもたらせたと考えることができる。また，ある人が他者の多数の意見に従って態度を変容させた場合，それは同調であるとみなされる。また，それが政治家の権威や権力によって影響を受けた場合は，服従であるとみなされる。本章では，態度とその測定，態度変容や同調や服従という社会的影響過程について説明する。

7-1
社会行動を説明する態度概念

心理学における態度(attitude)の概念は，少なくとも19世紀に遡ることができる。態度は，ラテン語のaptusから派生したもので，精神的・肉体的活動に対する準備の整った神経心理的状態である(Allport, 1954)。オールポート(Allport, 1954, 図7･1)によると，態度の概念は，スペンサー(Spencer, H.)によってすでに1862年に『第一原理』という著書の中で用いられ，1888年にランゲ(Lange, L.)によって実験心理学研究の中で用いられた。ランゲは，信号を受けたときに，電信機のキーを押すように意識的に準備している被験者の方が，そうでない被験者に比べて，迅速に反応するという結果から，態度が反応時間に関与していると考察した。

態度の概念が社会心理学の中心概念となるのは，20世紀に入ってからである。トーマスとズナニエツキ(Thomas & Znaniecki, 1918-1920)という社会学者がポーランド人移民に対する古典的な

図7·1　ゴードン・オールポート
出典）Wikimedia Commons
http://webspace.ship.edu/cgboer/allport.html

研究のなかで，社会的行動の説明の中心概念として態度の概念を規定した。ダンジガー（Danziger, 1997）によると，トーマスとズナニエツキは，協調関係，相互依存関係，個人の意識や文化価値の説明のために態度という概念を用いて，これまでの社会学や心理学には説明できなかった「個人の諸状態」と「社会組織の諸原理」の２つのレベルの相互依存関係を説明しようとしたのである。現代の社会心理学の用語を用いるならば，個人レベルと社会レベルのミクロ・マクロ関係を説明する基礎概念として態度と言う概念が登場したと考えることができるのである。

他方，オールポート（1924）は，トーマスとズナニエツキよりも個人主義的色彩の濃い態度の概念を用いた。彼は，個人とその相互の反応の総和だけが実在し，社会心理学とはそれを研究する科学であるという信念のもとに，態度は，個人の属性であり，人格のような個人的特徴として考察したのである（Danziger, 1997）。このような態度の個人主義的な解釈は現代の社会心理学の中でも有力である。しかし，そもそもの原点に立ち返ると，態度の概念は，個人レベルのミクロ現象と集団や社会というマクロ現象との関係を説明する概念として用いられており，このような視点は社会心理学の中で暗黙のうちに採用されている。

現代の社会心理学においても，態度の概念は，社会的行動を媒介する非常に重要な概念と考えられている（竹村, 1990; Eagley & Chaiken, 1998; 藤原, 2001；土田, 2002）。態度の概念的定義は，研究者によってさまざまであるが，一般的に受け入れられているものに，オールポート（1935）の定義がある。すなわち，態度とは，「経験を通じて体制化された心理的あるいは神経生理的な準備状態であって，生活体がかかわりをもつすべての対象や状況に対するその生活体自体の行動を方向づけたり変化させたりするもの」である。オールポートによると，態度は，生活体の反応準備状態であって，一定の動作や行動を実現し，かつ方向づけと調整をするものである。また，態度には構造があると考えられており，他の成分との整合性を保つことによって目的行動を可能にすると考えられている。ローゼンバーグとホヴランド（Rosenberg & Hovland, 1960）は，態度の認知的成分，感情的成分，行動的成分があると説明している。このような態度の成分をどのように強調するかは，態度の研究者によって異なっているが，この三成分は一般的に認められている。

態度という概念は，人間の社会行動から推測せざるを得ないのであるが，心的構成概念である態度という概念を通じて，行動を理解する役にもたつだろう。たとえば，「この商品には自分が肯定的な態度を持っていたからこの商品を購入した」というような解釈は，日常生活でもよく行われる。しかし，このような概念としての「態度」は，単に「行動」の言い換えではないかという批判もある。たとえば，ある商品を買ったのは，「購買態度」があるからと説明し，なぜ購買態度があるのかと言うとその商品の「購買行動」を観察したからだというような説明は，循環しているし，同語反復（トートロジー）である。また，このような「態度」というような直接目で見て確かめることができないような心的な概念を用いるのは擬人主義（アニミズム）であるとして科学的でないという批判もある（竹村, 2004）。特に，心理学における**行動主義**（behaviorism）の観点からは，態度の概念を構成することには困難である。さらには，態度概念には曖昧性があり，通常の自然科学における測定の概念とはなじみにくい側面がある（竹村, 1990, 2004）。

しかし，このような問題はあるものの，社会問題を理解し，解決するという実用的，処方的観点に立つと，態度の概念は意義をもつのである。というのは，第一に，行動を態度のような心的概念で説明することは，専門家も含めた多くの人々にとって納得しやすく，コミュニケーションの場面で役に立つと考えられるからである。たとえば，なぜこの商品をこの人が購入したのかという原因を同定する場合，「人々がこの商品のデザインが好きだったから（肯定的な態度）」という「態度」に関する情報があると，その事態をよりよく納得でき，受容できる場合があると考えられるのである。第二に，態度の概念は，単に行動の言い換えではない側面を持っている。言語表明された態度は，行動とは違っていることが多い。たとえば，店舗内の消費者行動においては，店の入り口である商品を買うと決めていたのに，実際にはその商品を買わなかったり，その商品とは異なる商品を買ってしまうことがある。このように，言語表明された態度と行動とは非常に関係があるが異なる概念だと言える。第三に，態度の概念は，意思決定論における**効用**（utility）のような数学的に厳密な概念ではない一方で，その概念の曖昧さゆえに単なる行動選択肢の間の選好関係に帰着できない複雑な側面を持っている。その曖昧性や複雑性の中に概念としての意義がある（竹村, 1990）。

料理において柔らかい素材を切れ味の鋭い包丁で切るより手で千切る方がよく切り分けられるのと同じように，曖昧で複雑な社会現象を分析にするうえで態度という曖昧な概念はむしろ有用である場合があると考えられる。

7-2 態度測定について

このような曖昧な概念である態度をどのように測定するのかということが社会心理学においては大きな問題であった。

態度は，そもそもの概念からして，複雑で曖昧な点をもつが，この概念が言語的に表現できると考えると，態度の表出においては，ある言語的カテゴリーが採択されるか，別の言語的カテゴリーが採択されるかの意思決定の事態であるとも考えることができる。たとえば，対象に対する態度の感情的成分は，「非常に好き」という言語カテゴリーが採択されるか「やや嫌い」という言語的カテゴリーが採択されるかというような言語カテゴリーの選択の事態だと考えることができる。また，態度には，何らかの順序性があり，さらにはなんらかの強度を持っていると考えることもできる。このような考え方は，伝統的な社会心理学の中に根強く存在している。

まず態度を名義尺度であると考えると，態度の表出は，ある言語カテゴリーを採用すること(たとえばカテゴリーa)と別のカテゴリーをとること(たとえばカテゴリーb)のうちどちらかを選好判断するという事態であると考えられるが(記号的に示すと，たとえば，aRb)，その選好の強度に順序性があると考えることもできる。たとえば，ある言語カテゴリーbを採択することより他の言語カテゴリーaを用いることがよりふさわしいと判断する時，また，その時に限り，カテゴリーaへの態度$A(a)$がそのカテゴリーbへの態度$A(b)$より高くなるような数値とみなすことができる。これが順序尺度を仮定した態度の概念である。

態度が順序尺度であるためには，任意の言語カテゴリーについて比較が可能であること(カテゴリー集合Xの任意の要素a，bに対して，aRbまたはbRaとなる関係である)，さらには，三すくみ関係のような循環関係が生じない推移的な関係(カテゴリー集合Xの任意の要素a，b，cに対して，aRb，bRcならば，aRcが成立する関係である)が成立することが条件になっている。言語カテゴリーの比較可能性と推移性が態度の順序尺度としての必要十分条件になっている。

伝統的な社会心理学では，この順序尺度の仮定に加えて，態度が間隔尺としての強度を持つという仮定が加えられている。間隔尺度としての仮定を満たすということは，態度の強度の平均をとったり標準偏差を求めたりというような初等的な統計が意味を持つということを意味している。

このような間隔尺度を仮定した態度の具体的測定法に関しては，下記のようなものがある。

(1) サーストン法

これは，サーストン(Thurstone, 1928a, b)が開発した方法である。手順は態度を表現する陳述(たとえば，「原子力発電は役に立つ」とか「原子力発電は役に立たない」など)に尺度得点を与えて整理する段階と，それを使って調査対象の態度を測定する段階の2段階に分かれる。まず第1段階では，態度を表現する多数の短句のステイトメントをつくり，代表性のある評定者グループに，11段階程度で，どのくらい好意的か非好意的かの段階を評定をさせる。次に，その中央値をステイトメントの尺度得点とし，尺度得点が等間隔に並ぶ妥当性の高いステイトメントを約20ほど設定するまでが第1段階である。第2段階では，調査対象者が同意できるステイトメントを選択させる。選択したステイトメントの平均尺度得点を個々の調査対象の態度尺度得点として2段階目が終わる。サーストンの尺度は，等間隔での尺度からできているので，**等現間隔尺度**(equal appearing interval scale)とも呼ばれている。

(2) リッカート法

これは，リッカート(Likert, 1932)が開発した方法である。手順は，サーストン法より単純で，たとえば，ある政策に賛成か反対かを調査対象者に「非常に賛成」,「賛成」,「どちらでもない」,「反対」,「非常に反対」などの多段階尺度で評定させる。態度尺度得点は，カテゴリー間の等間隔性を仮定して，それらの反応に，それぞれ，5，4，3，2，1という尺度得点を与えたり，正規分布におけるシグマ値に変換する方法がある。

サーストン法もリッカート法も，測定される態度得点は，正規分布する確率変数であると仮定していることになり，経済学や工学で用いられるランダム効用理論の考え方と非常に類似している。というよりもランダム効用の考えの源流がサーストンの態度モデルなのである。図7·2に示したように，実際に観察される態度評定値は各態度の確率分布の実現値であると考えるのである。したがって，実際に観察される態度尺度得点が「反対」を表すものであっても，真の態度尺度が「反対」である確率が高いが，「どちらでもない」であ

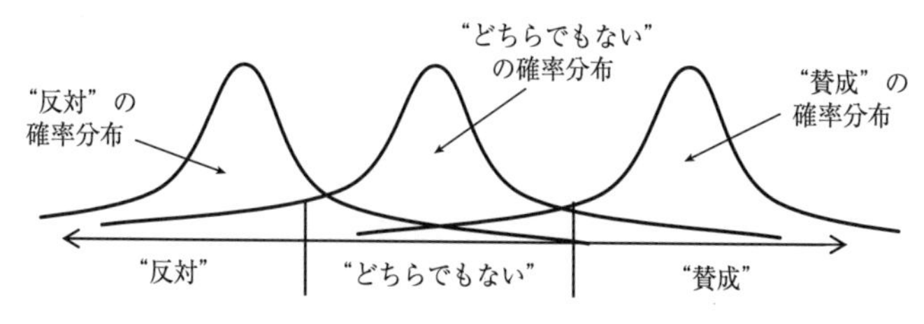

図 7·2 確率変数としての態度

る確率もわずかながら,「賛成」である確率も極めて低いがあると考えるのである。順位反応を仮定するランダム効用理論では,確率分布にガンベル分布を考えることが多いが,正規分布を仮定すると,サーストン法やリッカート法の考え方と数学的には等しくなるのである。

(3) SD 法

オズグッドら(Osgood et al., 1957)によって展開された方法であり,**意味微分法**(semantic differential method)とも呼ばれる。**図 7·3** のように,一連の両極性形容詞対の尺度上に,人物,論点などの対象の評定をさせる。オズグッドらは,いろいろな概念について評定を求め,その結果を因子分析したところ,「評価」,「活動性」,「力量性」に関する 3 つの因子が得られるとしている。

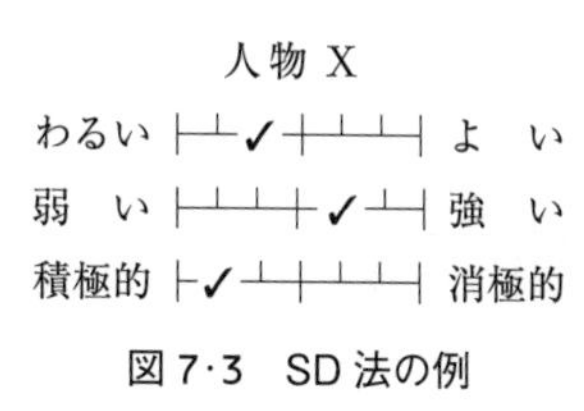

図 7·3 SD 法の例

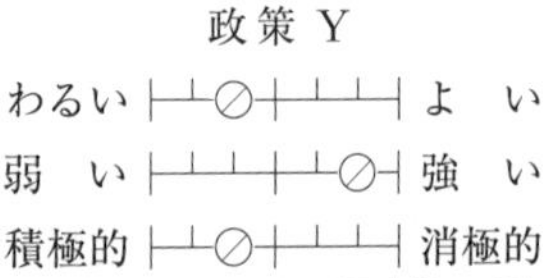

政策 Y

わるい |—|—⊘—|—|—|—| よ い

弱 い |—|—|—|—|—⊘—| 強 い

積極的 |—|—⊘—|—|—|—| 消極的

図 7·4　ファジィ評定法の例

このSD法に判断の曖昧性を与える評価の方法もある。ヘスケスら(Heseth et al., 1988)はファジィ評定という方法を開発しており，竹村(1992)によって多属性の態度測定に利用されている。従来のSD法では，尺度上の一点で評価値を回答させていたが，評価における曖昧性がある場合，複数の点や幅のある範囲で表現する方が，回答しやすいと考えられる。ファジィ評定では，**図 7·4**のように，丸印で幅を持たせて判断させ，代表値を斜線で表現させることがある。態度尺度得点はファジィ集合であるとして処理されて，ファジィ回帰分析などによって分析されるのである(Takemura, 2000)。

(4) 潜在的連想テスト法

潜在的連想テスト(Implicit Association Test)はその頭文字をとってIATとも呼ばれている。この測定法は，これまで説明した評定法をもとにした顕在的な態度測定法と比べて潜在的な反応をもとにした態度測定法であり，グリーンワルドら(Greenwald et al., 1998, 2003)によって開発されている。このテストでは，態度尺度は，間隔尺度を超えて反応時間という比例尺度で測定することを仮定している。また，従来の態度尺度とは異なり言語的に表出できない潜在的な態度を測定することを意図している。このテストは，個人のある対象概念と，その属性との間の潜在的な態度構造を測定する方法である。この方法では，コンピュータのスクリーン上でのキー押し反応の反応時間が分析の対象になる(図 7･5，図 7･6 参照)。

潜在的連想テストの実験は，たとえば人種的偏見の研究に用いられており，快—不快の分類と，白人—黒人の顔写真の分類課題を混合したものがあり(Greenwald et al., 2003)，また，原子力発電の危険に関するリスク認知研究もある(井出野・竹村, 2005)。井出野と竹村(2005)の研究では，IAT が，原子力発電と水力発電に対するリスク認知を測定することを意図して作成された。具体的には，「原子

図 7･5　潜在的連想テストの実験状況
出典）井出野・竹村(2005)

図 7･6　「原子力発電—水力発電 IAT」を用いた刺激例
出典）井出野・竹村(2005)

力発電―水力発電」と，「危険―安全」という，2種類のカテゴリー分類課題を組み合わせる形で，テストを作成した。仮説は「原子力発電と危険(水力発電と安全)の概念間の連合が，水力発電と危険(原子力発電と安全)の概念間の連合よりも強い」である。教示は，全てのブロック開始時に行われ，「できるだけ速くかつ正確に反応すること」の強調と，反応キーとカテゴリーの対応関係を確認した。教示画面終了後，実験参加者がスペース・バーを押し，実験ブロックへと進んだ。刺激は画面中央に呈示され，画面左・右上部にカテゴリー(安全・危険；原子力・水力)が呈示された。①画面に「水力発電の写真と安全の意味の単語」を同一のキーで反応し，「原子力発電の写真と危険の意味の単語」を同一のキーで反応する条件と，②「水力発電の写真と危険の意味の単語」を同一のキーで反応し，「原子力発電の写真と安全の意味の単語」を同一のキーで反応する条件，での反応時間の差異を比較するのである。この研究では，②の方が①に比べ反応時間が長く，原子力発電に対する危険だとする否定的な潜在的反応効果が認められたのである。潜在的連想テスト法で測定される反応時間の差異は，顕在的な言語報告の測定によるリスク認知とも相関がほとんどなく，顕在的な方法による態度の測定とはある程度独立な態度を測定していると考えられる。

7-3
説得と態度変容

人々の態度変容を起こさせる一つの行為として説得があるが，この説得のために行われる意見伝達過程を**説得的コミュニケーション**(persuasive communication)という。

説得の送り手の要素としては，**信憑性**(credibility)，**魅力**(attractiveness)，**勢力**(power)が重要であるとされている。信憑性は，送り手の能力にかかわる専門性と送り手の人格的な誠実性に関する成分による。信憑性，魅力，勢力の水準が高いほど説得効果は強まる。また，ただし，説得の送り手の信憑性が低い場合も，後になって説得効果が高まることがあり，これは**スリーパー効果**(sleeper effect)と呼ばれている(Hovland & Weiss, 1951)。

態度変容の社会心理学研究では，通常態度変容は量的な扱いをすることもあるが，通常や測定回数の問題や測定の精度の点から定性的な変化しか扱えないことが多いので，態度変容の研究では，定性的な測定やそれに基づく理論が主流である。態度変容の定性的理論には以下のようなものがある。

(1) バランス理論

ハイダー(Heider, 1958)は，**認知的バランス理論**(cognitive balance theory)とも呼ばれる態度変容に関する理論を提案している。彼の理論によると，個人Pのある対象Xに対する態度は，他者Oの**心情関係**(sentiment relation)に依存する。心情関係は，肯定的な場合(好意を持っている場合)と否定的な場合(好意を持っていない場合)に大別できる。彼は，この心情関係が均衡状態にあれば安定するが，不均衡状態にあると不均衡を解消する方向に変化が生じるとしたのである。この不均衡の解消のひとつの表現として態度変容が指摘されている。たとえば，ある人物Pは他者Oと仲が良いと思っていて，両者とも郵政民営化などの政策Xに賛成であれば，この関係は安定している。しかし，人物Pは人物Oと仲が良いと考えているにもかかわらず，人物Pは政策Xに賛成だが人物Oは

+	+	−	−	−	−	+	+
P→O	P→O	P→O	P→O	P→O	P→O	P→O	P→O
+↘↙+	−↘↙−	+↘↙−	−↘↙+	+↘↙+	−↘↙−	+↘↙−	−↘↙+
X	X	X	X	X	X	X	X

均衡状態　　　　不均衡状態

図 7·7　P-O-X における均衡・不均衡の例
出典）Heider (1958)

政策 X に反対の場合は，心情関係は不均衡になる。このような場合，人物 P は政策 X に対する態度を否定的な方向に変化させるか，人物 O に対する態度を否定的な方向に変化させると予想される。このような心情関係の均衡・不均衡関係の例を示したのが**図 7·7** である。この図で＋の印は肯定的な心情関係を示し，－の印は否定的な心情関係を示している。

(2) 認知的不協和理論

フェスティンガー (Festinger, 1957) は，バランス理論の考え方を拡張して，認知単位間の不均衡関係があると，この不均衡を解消する方向で態度変容が生起しやすくなると主張した。彼の理論は，**認知的不協和理論** (cognitive dissonance theory) と呼ばれる(p. 177 参照)。彼は，自己または自己の環境についてのあらゆる知識，意見，信念あるいは感情を**認知** (cognition) という術語でまとめ，この認知単位間の**不協和** (dissonance) が生じると，人はこの不協和を解消しようとすると仮定した。

彼によると，不協和の状態は不快な状態であり，この不快状態を低減させるために，認知の変化，行動の変化，新たな認知の付加，新たな情報への選択的接触などが生じるとしたのである。特に，意思決定後の状況では，行動はすでになされていることが多いので，不協和が生じやすく，態度変容も生じやすいと考えられる。フェスティンガーとカールスミス(Festinger & Carlsmith, 1959)は，退屈な作業課題をおもしろいと嘘をついて別の実験参加者に伝えることに，1ドルの報酬を貰えた者の方が20ドルの報酬を貰えた者より，自分の行為の正当化が起こり，作業課題がおもしろいと信じる傾向があったことを報告した。この結果は，認知的不協和理論と整合的である。なぜなら，1ドルという安い報酬であるにもかかわらず，つまらない作業課題をおもしろいと報告することは，20ドルの報酬を貰うよりも，不協和な関係にあり，態度変容を生じやすいと考えられるのである。

認知的不協和理論は社会心理学の広範な領域をカバーしており，認知的不協和概念を用いた態度変容の研究は，現在でも続けられている(Harn-Jones & Mills, 1999; Matz & Wood, 2005)。

(3) 自己知覚理論

認知的不協和理論による態度変容の説明に対して，ベム(Bem, 1965)のように異議をとなえる研究者もいる。彼は，**自己知覚理論**(self-perception theory)を提案して，認知的不協和の概念を用いなくても，自分の行動の観察を通じて，態度変容が起こると解釈したのである。すなわち，フェスティンガーとカールスミス(1959)の実験で安い報酬を貰った被験者は，認知的不協和が生じたのではなく，自分の報酬が安いにもかかわらず，作業課題をおもしろいと人に告げたという自分の行為の観察から，この作業が本当におもしろいと思ったとしたのである。ベムは，自分自身が対象に対して持つ態度は，基本的に私たちが他者の態度を観察するのと同じように，自分の行為の観察を通じてなされると考えたのである。認知的不協和理論と自己知覚理論との間に長らく論争があったが，最終的に決着がついたとは言えない。しかし，自己知覚理論は，認知的不協和理論と並んで，強制的に承諾した状況での態度変容を説明する上で有力な定性的理論である。

(4) 接種理論

マクガイア(McGuire, 1964)は，**接種理論**(inoculation theory)と呼ばれる説得と態度変容に関する理論を提案した。彼は，予防接種によって病原菌に対する免疫ができて病気にかかりにくくなるように，あらかじめメッセージの送り手が主張すると予想される論点に反論する準備をすることによって，態度変容が生じにくくなること(すなわち，説得されにくくなること)を主張した。マクガイアとパパゲオルギス(McGuire & Papageorgis, 1961)は，支持的防御(すなわち，そのメッセージをあらかじめ読んだり書いたりする)よりも，反駁的防御(そのメッセージ対する反論やその反論を論破する意見を読んだり書いたりする)をする方が，そのメッセージを攻撃する説得に対して態度変容が生じにくくなることを実験で明らかにしている。彼らは，たとえば，「結核の早期予防のためには毎年レントゲン検査を受けるべきである」というメッセージに対して，支持的防御よりも，反駁的防御をする方が，そのメッセージを攻撃する説得的文章を読んでも，説得後のメッセージに対する確信度の低下が起こりにくくなることを示したのである。

(5) 精緻化見込理論

ペティとカシオッポ(Petty & Cacioppo, 1986)は，**精緻化見込モデ**

ル(elaboration likelihood model: ELM モデルとも呼ばれる)を提案して，態度変容に至る経路として**中心ルート**(central route)と**周辺ルート**(peripheral route)の 2 種類があるとして，その経路に依存した情報処理によって態度変容が生じるとした。彼らによると，中心ルートではメッセージの議論に関して入念な情報の検討(すなわち，精緻化)がなされる。また，中心ルートでは，メッセージの内容に対しどのような認知的反応(好意的な考えや非好意的な考え)をどの程度生成したかによって態度変容の方向が決定される。他方，周辺ルートでは議論の本質とは関係ない周辺的手がかり(情報の送り手の専門性や論点の数の多さなど)に基づいて簡便な形式で判断がなされることになる。

彼らによると，メッセージの情報を処理する動機づけや能力が高ければ精緻化の程度が高くなり中心ルートでの態度変容が生じることになるが，動機づけや能力が低い場合には周辺ルートによる態度変容が生じることになる。ここで情報を処理する能力を促進する要因としては，注意，メッセージの反復提示，メッセージに関連する既有知識，メッセージの理解しやすさ，などがある。たとえば，ペティら(1976)の実験では，大学生の被験者に「授業料を 20％値上げすべきだ」というメッセージを提示する場合に，実験参加者に他の作業をさせて注意を散漫にさせると，そのメッセージを支持する合理的な論拠(強い論拠)を示された場合の説得効果は減少するが，そのメッセージを支持するがあまり合理的でない論拠(弱い論拠)を示された場合の説得効果が上昇することが明らかになった。このことは，注意を妨害することで情報処理の能力が落ちて，周辺ルートでの態度変容がなされやすくなり，注意が妨害されないと中心ルートでの態度変容がなされやすくなることを示している。また，ペティとカシオッポの精緻化見込理論では，中心ルートを経たほうが周辺ルートを経るよりも態度は強固で安定すると考えられている。

7-4 さまざまな社会的影響

(1) 社会的促進と社会的抑制

人々は，他者が存在するだけで，人間の行動は影響を受けることがわかっている。他者が近くにいるだけで課題への遂行成績が向上する社会的影響を**社会的促進**(social facilitation)と呼び，逆に遂行成績が下降する社会的影響を**社会的抑制**(social inhibition)と呼んでいる。ザイアンス(1965)は，他者の存在は近くにいる人の覚醒水準を上昇させ,覚醒水準が上昇すると優勢な反応が生起すると説明した。彼によると，習熟した課題では正しい反応が優勢になり，習熟していない課題では誤反応が多くなると考えたのである。したがって，他者の存在は，習熟した単純な課題では，社会的促進をさせ，習熟していない複雑な課題では社会的抑制を生起させると考えられる。ザイアンスは，他者の物理的存在が社会的促進や社会的抑制を起こすことを主張しているが，他者がいると注意が拡散するという説や他者から評価される懸念が影響するという説がある。

ラタネ(Latané, 1981)は，他者の存在の効果を総合的に考察して，他者の存在が，個人の遂行行動に与える影響を定式化する理論を提案した。この理論は，**社会的インパクト理論**(social impact theory)と呼ばれる。この理論によると，他者の持つ影響力の強度である社会的インパクト(Imp)は，①地位や社会的勢力の影響源である他者の強度(strength：S)，②他者との空間的・時間的近接性を示す直接

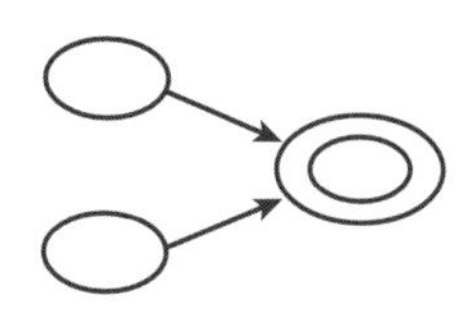
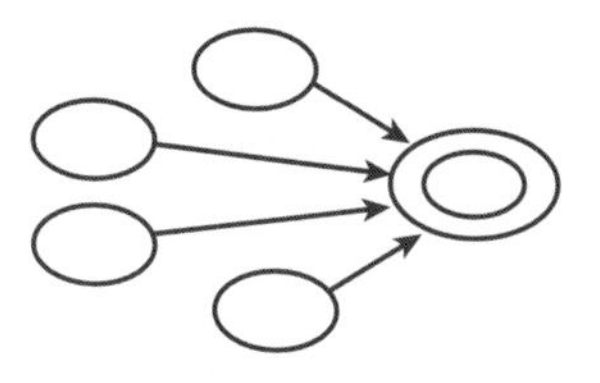

影響源数（N）が少ない場合　　　影響源数（N）が多い場合

図 7·8　社会的インパクト理論における影響源数の効果
（ただし，○印は影響源，◎は対象人物）

性(Immediacy：I)，③影響源の数(Numner：N)によって影響を受ける。ラタネ(1981)は，

$$\mathrm{Imp} = f(S, I, N)$$

とし，一般に，f を S，I，N の単調増大関数としたが，計量可能な式を導くために強度と近接性の要因が直接には組みこまれていない下記のモデルを提案している。

$$\mathrm{Imp} = kN^t$$

ただし，k はスケーリング定数($k > 0$)であり，t はベキ指数($0 < t < 1$)である。

これによると，他者の人数が増加すると，単調に社会的インパクトは増加するが，t が 1 以下という条件より，インパクトの増分は人数の増加とともに減少する。社会的インパクトと人数の関係を図 **7·8** に示した。このような関係は，多対一の関係であるが，このような社会的インパクト理論を用いた社会的ネットワークを考えた計算機シミュレーションが最近では行われている(亀田・村田, 2000)。

(2) 集団過程と同調

我々は，社会生活の中で，家族，職場，学校，クラブなど何らかの意味で**集団**(group)に所属している。集団については8章で詳述するが，ここでは集団についての基本的な概念について説明する。集団というのは，そこに属する複数の人々(成員)が何らかの共通した目標のもとで一定期間安定した関係を維持し，相互に影響を及ぼし合っている成員の集合である(安藤・大坊・池田, 1995)。また，集団内の成員の集合を**内集団**(in-group)，集団外の成員の集合を**外集団**(out-group)と呼んでいる。

集団においては，集団に魅力を感じさせ，集団に属し集団に留まるように働き掛ける性質があると考えることができるが，この性質を**集団凝集性**(group cohesiveness)と呼んでいる。凝集性の高い集団と低い集団とでは，集団内の成員の行動は異なる。たとえば，凝集性の高い集団の方が， 集団の中での意見の一致追求傾向が強くなり，成員が個人的な疑問を抑圧し，他成員に対してその批判的思考をさえぎり，集団全体として過度の楽観主義，外集団の蔑視や軽視を招くという**集団思考**(group think)が生じやすい。

また，集団の中の行動においては，自分の所属する内集団の成員をひいきにして有利な扱いをして，外集団の成員と差別する現象が頻繁に観察される。このような現象を**内集団バイアス**(in-group bias)と呼んでいる。内集団バイアスの存在は，人類進化の過程で集団内の安定した協力関係を作るのに有効であったと考えられるが，一方では，職場や地意識社会で頻繁に観察される集団間の差別を生み出している。

集団の中の成員は，お互いに類似していることが多い。たとえば，あるクラブのメンバーやゼミのメンバー同士は，何らかの形で類似していてそのクラブの成員らしさやゼミの成員らしさを示すことがある。このような類似性は，**集団斉一性**(group uniformity)と呼ばれる。

集団斉一性は，なぜ存在するのかというと，ひとつには，集団内の成員間の相互作用の中で，お互いの態度や行動を類似させようという圧力が働くからであると考えられる。このような力は，**集団圧力**(group pressure)と呼ばれる。集団凝集性が高いほど，成員の態度や行動を統制しようとする集団圧力は強くなる。また，集団圧力によって，集団や他者の設定する標準ないし期待に沿って行動するという現象を**同調**(conformity)と呼ぶが，この同調は，集団斉一性を高めるのである。

同調に関して，アッシュ(Asch, 1955)は興味深い実験を行っている。彼は，集団圧力が知覚判断に及ぼす影響を検討するために，**図7·9**の左側の標準刺激を実験参加者に見せ，同図の右側の比較刺激の中から標準刺激と同じ長さの線分を選ばせる課題を集団内の実験参加者に課した。2番が正解であり，このような知覚判断は個人で行うと非常に容易である。しかし，この実験のように，集団の条件で，実験参加者の判断の前に6人のサクラの参加者が連続して間違った答えをすると，正答率が急激に落ちることがわかったのである。このような集団状況での知覚判断において，サクラのうち一人でも正しい回答をすると正答率はそれほど落ちないことがわかっている。

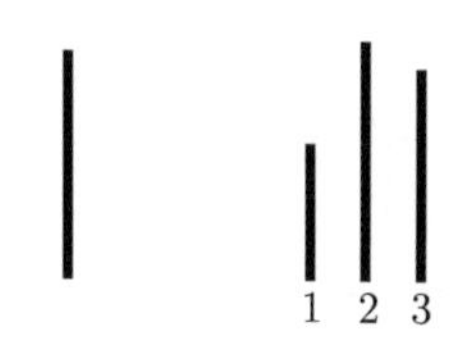

図7·9　アッシュが用いた線分の長さ判断の例

(3) 同調における規範的影響と情報的影響

ドイッチとジェラルド(Deutsch & Gerald, 1955)は，同調には，規範的影響と情報的影響の2つの源泉があることを説いている。まず，**規範的影響**(normative influence)とは，集団の中の行動基準である**集団規範**(group norm)に基づく社会的影響のことを指し，主に社会的承認や非難などの**賞罰**(sanction)による影響になる。ただし，集団規範が内面化されている場合は，他者からの賞罰やその期待だけではなく，個人の内面化された価値観からの影響になる。アッシュの線分の知覚判断の実験では，この規範的影響による同調が生じたと考えられる。

つぎに，**情報的影響**(informational influence)とは，他者の行動を客観的事実を伝える情報としてみなしたことによる影響であり，基本的には，他者の観察によって自己と他者との**社会的比較**(social comparison)を行い，その比較結果が集団内で一致するようになれば確信をもつという**合意による妥当化**(consensual validation)によると考えられる。

情報的影響については，シェリフ(Sherif, 1936)の実験における同調行動が当てはまる(p. 174も参照)。彼は，暗闇で光点を見つめていると実際には光点が動いていないのにもかかわらず光点が運動しているように見えるという自動運動現象を利用して，集団内での同調行動を調べた。この実験では，集団状況で実験を行うと，報告される光点の移動距離が次第に収束していったが，この結果は，合意における妥当化による同調によって集団内で共通の準拠枠が形成されたと考えられる。

このシェリフの実験結果は，多くの常識的見解や社会的な判断，情報的影響による同調によって作られた集団的な幻想の可能性があるとも言えるのである。人々に感じられる**社会的現実**(social reality)というのは，このような合意による妥当化で形成されているだけの場合もある。

(4) 服 従

第二次世界大戦中には，数多くのユダヤ人が強制収用所に送り込まれ，虐待を受けた後，虐殺された。このユダヤ人虐殺の責任者であるアドルフ・アイヒマン(Adolf Eichmann)は，1960年南米で逮捕されて，イスラエルで死刑判決を受けた。アイヒマンは，ユダヤ人虐殺を上官の指示に従っただけだといい続けたが，1962年に死刑が執行された。ミルグラム(Milgram, 1974)は，アイヒマンのような残虐な行為が，単に異常な人格のために行われたのではなく通常の人間の持つ権威への**服従**(obedience)から容易に起こりうるという問題意識から，のちに**アイヒマン実験**と呼ばれる実験を行った。

この実験では，実験参加者は新聞広告を通じて「記憶と学習の研究」に関する実験参加者として募集され，一時間の実験に対し報酬を約束された上でイェール大学に集められた。実験参加者は，役者のサクラが演じる「もう一人の参加者」とペアを組み，実験者によって二人は学習における罰の効果の実験に参加するのだと教示された。そして，実験参加者ともう一人の参加者のサクラが，偽のくじ引きで偶然に「生徒役」と「教師役」に分けられたかのように役割が決められた。偽のくじ引きのため，実験参加者は必ず「教師役」を務めるようにされ，実験参加者は必ず「生徒役」を務めることになっていた。

実験参加者は，生徒役を務めるもう一人の参加者が受けるであろう，45ボルトの電気ショックを「体験」と称して流され，電流によ

図7·10 ミルグラムの実験風景
出典）Milgram（1974）

る痛みを体験させられた。実験開始とともに，教師役を務める被験者と生徒役は別々の部屋に分けられ，**図7·10**に示したように，お互いの声のみがインターフォンを通じて聞こえる状況下に置かれた。教師役は，対になる二つの単語のリストを読み上げ，その後，対になる単語の一方のみを読み上げた。その単語に対になる単語を四択で読み上げ，生徒役は1から4のボタンのうち，答えの番号を押した。教師役は，生徒役が間違えると相手に電流を流し，一問間違えるごとに15ボルトずつ，電流の強さを上げていく。

教師役の実験参加者は，実際に生徒役に電流が流されていると信じ込まされたが，実際には電流は流されていなかった。電流がある程度以上の強さを超えると，生徒役は机や壁を叩き，教師役に向かって心臓の不調を訴えて部屋から出すように訴えた。さらに，電流がもっと強くなると，生徒役は何の応答もしなくなった。

実験の結果，多くの実験参加者は，途中で実験の中止を希望し，実験者に申し出た。あるものは，135ボルト(強いショックを受ける電圧)でとどまり実験の意図自体を疑いだしたが，それにもかかわらず，多くの者は，一切責任を負わないということを実験者に確認したうえで実験を継続した。電流を流した後，生徒役のサクラの絶叫を聞くと，緊張のためか引きつり笑いをする者もいた。最終的な実験結果としては62.5％の実験参加者が，用意されていた最大ボルトである450ボルトまでもスイッチを入れたのである（なお，375ボルトは危険で深刻な電圧とされている）。

この実験結果は大変ショッキングなもので，人々が権威へ服従のために，人を傷つけるような行為をしてしまうということを示している。ミルグラムの実験は，一般の人々も権威への服従によってアイヒマンのような残虐な行為をしてしまう可能性を示したといえる。ただ，アイヒマンの残虐な行為の解釈については，ミルグラムの示したような権威への服従だけで説明できるのかについては多くの議論がなされている。しかし，ミルグラムのつきつけた実験結果は，人間の良心や道徳性というものに再考をうながすインパクトの大きな研究であったとみなされる。

まとめ

- ❑ 社会心理学では，態度という構成概念を用いる，社会的行動の準備傾向を説明する。また，態度が変化することを態度変化，あるいは態度変容と呼んでいる。また，他者を納得させて態度変容あるいは行動変容を変化させる行為を説得と呼んでいる。
- ❑ 態度測定には，言語表出による顕在的方法と，反応時間などによる潜在的方法があり，前者の方法にはサーストン法，リッカート法，SD法などがある。後者の方法にはIAT法などがある。態度変容は，定性的に測定されることが多いが，理論としてはバランス理論，認知的不協和理論，自己知覚理論，免疫理論などがある。
- ❑ 人々の態度や行動が他者の存在やコミュニケーションなどによって

変容することを，社会的影響と呼んでいる。個人の態度や行動が集団の基準に一致した方向に変容する社会的影響を同調と呼び，権威や権力もつ他者からの命令や指示に従う社会的影響を服従と呼んでいる。

より進んだ学習のための読書案内

チャルディーニ，R. B.／社会行動研究会(訳)(2014).『影響力の武器—なぜ人は動かされるのか(第三版)』誠信書房

☞訪問販売や寄付などにおける態度変容や説得のあり方について，これまでの社会心理学の理論と実例を交えてわかりやすく解説した本である。人々がどうして説得されたり，騙されたりすることがあるかを興味深く説明している。

今井芳昭(2006).『依頼と説得の心理学—人は他者にどう影響を与えるか』サイエンス社

☞対人的影響過程のうち意図的な対人的影響である依頼と説得について焦点を絞り，日常的によく起こりがちな依頼・要請，説得を論じている。どのように相手に働きかけると，相手はこちらの望むように行動してくれるのか，働きかけられた相手はどのようなプロセスで自分の反応を決めるのかというような具体的な働きかけ方や，働きかけの効果性，また，働きかけられる相手の反応過程などについて解説がされている。

藤原武弘(2001).『社会的態度の理論・測定・応用』関西学院大学出版会

☞社会的態度の諸定義，さまざまな理論と実験，その測定方法について，また態度研究の応用について，詳しく説明した研究書である。態度と行動の関係の研究などについても詳しく論じられている。

課題・問題

1. 本章で紹介した，サーストン法，SD法，リッカート法でさまざまな社会的対象について態度測定をしてみよう。

2. 情報的影響と規範的影響のそれぞれに関する具体的な説得的なコミュニケーションの内容を考えてみよう。

3. ELMモデルを用いて，周辺的メッセージと中心的メッセージのそれぞれに対する効果的な広告のメッセージについて考えてみよう。

8章

集　団

集団に属して生きる私たち

◖キーワード◗
集団凝集性，集団規範，社会的アイデンティティ，内集団と外集団，職場集団

人が二人集まれば対人関係が生まれ，三人，四人と増えていったら集団が生まれる。しかし，一人ひとりの性質や特徴を足し合わせていけばその集団の性質や特徴になるのかと言えば，そうではない。本章では，個人の総和を超えた性質や特徴を持つ「集団」に関する社会心理学的研究について紹介する。

8–1 集団とは

(1) 集団の概念と構造

集団とは，メンバー相互に依存関係を持つことで関係をつくる二人以上の個人の集まりのことである（本間，2011）。つまり，電車に乗ろうとたまたま同じ列に並んでいる人々は，人の集合体ではあるが集団とは呼ばない。メンバーの間に何らかの相互作用や，相互依存的な関係があり，全体としてまとまりをもっているものを集団と呼ぶ。山口(2008)も，先行研究などを参考に「集団とは，何らかの理由・目的があって集まった二人またはそれ以上の人々が，コミュニケーションをとり相互作用しながら作り上げる社会システムである」としている。なお，これに対して，物理的に近接し，一時的で明確な組織をもたない多数の個人の集合体を**群集**(**群衆**：crowd)と呼ぶ。この群集(群衆)における行動は，集合行動と呼ばれ，集団行動とは区別して研究されてきた。

狩野(1985)によると，①成員とよばれる人間の集合体があって(集合性)，②成員間には何らかの心理学的な関係が存在し(関係性)，③それらの心理的関係によって集団全体として一つの形態が形成され(形態性)，④その形態が時々刻々と変化するのではなく，何らかの安定性をもっている(安定性)，という4つの要件によって集団の構造は規定される。

(2) 集団の捉え方

a. 所属集団と準拠集団

あなたは現在，いくつの集団に所属しているだろうか。たとえば心理学部という集団の一員であり，テニスサークルという集団の一員であり，回転寿司店のアルバイトスタッフという集団の一員であり…というように，個人は同時に複数の集団に所属しているものである。

ある集団の一員であるという意識を**成員性**(membership)というが，同じ集団に属しているからといってメンバー全員が同程度の成員性をもっているとは限らず，また，所属している全ての集団に対して同程度の成員性をもっているとも限らない。個人が公式的に所属している集団のことを**所属集団**（membership group）と呼ぶ。これに対し，個人の重要な態度やものの考え方，主要な行動などが，その集団に共有的な基準に基づいているような場合，その集団をその人にとっての**準拠集団**（reference group）と呼ぶ。したがって，ある所属集団が準拠集団である場合もあれば，両者が一致しない場合もある。たとえば，心理学部の成員であるが，日頃の自分の主要な行動はサークル集団の行動様式に強く影響を受けているという場合などは，その人にとって心理学部は所属集団であるが準拠集団ではない。

このように，人が各集団に対して抱く意識には個人差があり，それによって集団内での行動や集団に対する行動は影響を受けている。

b.　公式的集団と私的集団

会社や大学のように明確な目標と役割分担が組織化された集団を**公式的集団**（formal group）と呼ぶ。それに対して，対人魅力などに基づいて自然発生するような集団を**私的集団**（informal group）と呼ぶ。たとえば，心理学部の学生であってもお昼休みは気の合う他の学部の学生達と一緒に過ごすというような場合，心理学部が公式的集団であり，その気の合う仲間集団は私的集団である。人は，複数の公式的集団と私的集団に属しながら，それぞれの成員として他者と複雑な相互作用を重ねている。

その他にも，さまざまな集団の捉え方がある。しかし，山口（2014）が指摘するように，集団は物理的存在としてよりも，成員が自己の所属する集団として認知的に表象し，心の中に存在するようになることで影響を及ぼすようになる。そのため，集団の捉え方も物理的特徴からだけでなく，成員の認知といった心理的特徴に着目するようになったと考えられる。

8-2 集団がもつ特徴

(1) 集団凝集性

全体として集団のまとまりがあることを**集団凝集性**(group cohesiveness)という。フェスティンガーら(Festinger et al., 1950)は，成員を集団に引きつけて留まらせるように働く力の総体のことを集団凝集性と定義した。また，フォーサイス(Forsyth, 2014)は，集団凝集性を，強い相互の成員間の対人的なつながりや，集団を一体化させようとする集団レベルでの力の結果生じる集団の連帯や結束のことであり，集団の目標に対して共有された関わりの強さや，団結心のようなものであるとしている。集団凝集性に影響を及ぼす要因としては，集団の目標や活動に対する魅力，他の成員に対する魅力，その集団に所属することで生じる誇らしさ，他の集団との競争的関係などがあるとされてきた。

そして，集団凝集性が高いと，集団は安定し，スムーズな集団のコミュニケーションが行われ，集団成員性も高まり，積極的に集団の価値基準を受容するため，集団としての優れたパフォーマンスにつながると考えられており，実際にそれを示す研究知見は数多く存在する(Cota et al., 1995 など)。ただし，集団凝集性と集団の生産性の関係を検討したミューレンとクッパー(Mullen & Copper, 1994)は，集団凝集性が生産性に影響を及ぼすという因果関係ではなく，生産性の高さが集団凝集性を強めるという反対の因果関係にあることを示した。つまり，集団凝集性と生産性などは相互に影響を及ぼし合う関係であり，また，それらの間に他の媒介要因が多様に存在していると考えられる。

しかし，集団凝集性が高いことが負の集団効果を示す場合もある。集団凝集性が高い集団では，**集団思考**(group think)が生じやすいことが知られている。集団思考とは，集団としての意思を決定する際に，誤った判断であったり，質的に劣った判断や決定を下してしまったりすることを指す(Janis, 1989)。なお，集団思考には集団凝集性の他に，支配的なリーダーの存在，集団が孤立していること，時間的プレッシャーなどの条件も影響を及ぼすことが明らかにされている(Forsyth, 2014)。また，集団凝集性が高いことによって，新たなメンバーに対する受容度が下がり閉鎖的になったり，各成員に対する集団圧力が高くなり同調行動(7章参照)を求める働きかけが増えたりすることがある。さらに，集団凝集性の高い集団では，各成員の集団成員性が高まるため，集団としての「われわれ」感情や意識が生まれる。その結果，**内集団**(in-group)と**外集団**(out-group)の区別が強く働くようになる。内集団と外集団，さらには集団間の葛藤については，8-3節で取り上げる。

(2) 集団規範

その集団の成員に共通に期待される考え方や行動様式のことや，集団内の大多数の成員が共有する判断の枠組みや思考様式を**集団規範**(group norm)と呼ぶが，集団凝集性の高い集団ほど集団規範の影響力が強くなる。つまり，集団凝集性が高いほど，その集団の規範がどのようなものかによって，パフォーマンスの質が左右されるの

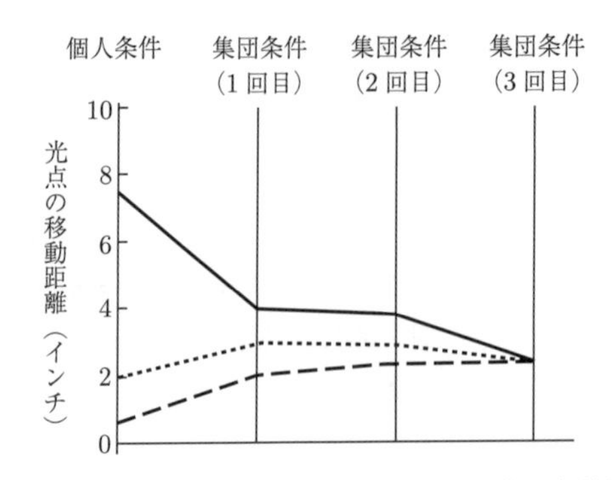

図 8·1 シェリフの実験結果の一例(三人集団条件)
出典) Sherif (1935)をもとに作成

である。バーコヴィッツ(Berkowitz, 1954)やシャクター(Schachter, 1951)によると，集団凝集性の高い集団では，集団規範が生産性志向を促進するものであれば集団による生産性は高まるが，集団規範が生産性志向を促進するものでなければ生産性は低下することが示された。

集団規範に関しては，シェリフ(Sherif, 1935)の古典的な実験が有名である。この実験では，暗室の中で静止した光点を見ていると，次第にこの点が動いているような気になるというある種の錯覚である光点の**自動運動**(autokinetic movement)現象を利用した。シェリフは，実験参加者に光点が何インチ動いたと思うかを一定の時間ごとに繰り返し尋ねた。実際に光点は動いておらず錯覚によるものであるため，推定値は個人差によって大きくばらつくはずである。しかし，二人あるいは三人一緒に実験に参加すると，他の人の判断を参考にするため，各人の回答がある一点に収斂してくる。**図 8·1** からわかるように，最初の各人の判断はばらついているが，セッションを重ねるごとに一点に収束していくのである。さらに，新しく参加者を加えても，その参加者はただちに集団の基準を採用して判断をし始める。また，参加者が当該集団を離れ，個別に光点の移動距離を尋ねられても，当初の個人の判断ではなく，集団の基準に基づき判断をすることが明らかになった。これが，集団規範が形成される過程を例証した有名な実験であり，集団での相互作用を通して，そこに一定の基準が生まれ，それが規範の発生につながるというものである。

集団内では，他の成員と異なる行動をとって周囲から拒絶されたくないとか，他の成員から承認や賞賛を得たいといった動機づけが働き，それが規範的影響として成員に同調行動をもたらすことがある（7章参照）。そして，この規範的影響のもとでは，自分と同じ考えを持つ人たちが実際よりも多くいるかのような錯覚を生じさせることがある。こうした合意性の過大推論を**フォールス・コンセンサス効果**（false consensus effect）と呼ぶ。しかし，その逆で，集団内で実際には多数者側の意見や立場を持っているにもかかわらず，自分は少数派だと錯覚したために，周囲からの拒否を避けようと沈黙をしてしまう場合もある。これは，**集合的無知**あるいは**多元的無知**（pluralistic ignorance）と呼ばれる。フォールス・コンセンサスや集合的無知という事態は，ときに集団を不適切な方向へ導くこともあるため，成員間が率直にコミュニケーションし合える環境作りが重要であると言えるだろう。

(3) 少数者の影響

集団においては，多数派の影響力が強いということが一般的にも知られている。しかし，ときに少数派が大きな力を発揮する場合がある。モスコビッチら(Moscovici et al., 1969)は，女子大学生六名の集団に対し明度は異なるがすべて「青」色のスライドを多数呈示し，その色を一人ずつ判断させるという実験を行った。真の参加者は六名中四名で残りの二名は実験協力者(サクラ)であり，サクラはいずれの刺激についても「青」色であるにもかかわらず一貫してすべてについて「緑」と回答し続けた。なお，実験参加者にはあらかじめ全員が正常な色覚を持っていることが知らされていた。結果は，真の参加者の回答中 8.42％で，青色のスライドを見て「緑」と回答されていた。つまり，少数者であるサクラの一貫した判断が多数者である真の参加者の判断に影響を与えることが示されたのである。しかも，最初の実験では少数者の影響を受けずに「青」と答え続けた参加者も，その後に，青から緑までのさまざまな色が呈示されその色を判断するという別の実験に参加させられると，「緑」と判断し始める閾値が早いことが明らかになった。すなわち，少数者からの影響は，本人にも統制が難しい非意識的なレベルにおいても観察されたのである。ただし，少数者が影響力を持つためには条件がある。問題となっている争点以外の側面では多数者と共通点を備えているが，争点に関しては多数者に対して一貫して異論を唱え続けることである。モスコビッチら(Moscovici et al., 1969)は，サクラの行動の一貫性の程度を変化させ一貫性を下げた実験も行っているが，その場合は参加者の回答の 1.25％でしか「緑」と回答されなかった。

(4) 集団からの排斥

集団にとって不都合な者や逸脱者がいた場合，そうした者に否定的な態度をとったり，排斥したりしようとすることがある。これを**オストラシズム**(ostracism)と呼ぶ。なお，オストラシズムは無視や排除をすることであるが，ネットワークのなかに包絡しないことを**社会的排斥**(social exclusion)と呼ぶこともある(Williams et al., 2005)。そして，マルケスら(Marques et al., 1988)は，内集団成員に対する好意と非好意の判断の差は，類似した外集団成員に対する好意と非好意の差よりも極端になることを示した。つまり，望ましい内集団成員に対する評価は望ましい外集団成員に対する評価よりも高くなる一方で，望ましくない内集団成員に対する評価は望ましくない外集団成員に対する評価よりも低くなるということである。この現象は，**黒い羊効果**(black sheep effect)と呼ばれている。

また，未だ深刻な問題として根強く生じているのが，**いじめ**(bullying)という集団からの排斥現象である。社会心理学では，いじめという問題を加害者や被害者の個人特性ではなく，集団行動の過程というよりダイナミックな現象として捉え，検討している研究もある。

こうした社会的排斥が生じる理由は，複数考えられる。たとえば，認知的不協和(p. 156 参照)の解消のために排斥をするということがある。人は意見の異なる他者と心理的に近い関係を持つと不協和を経験する。その不協和を解消するために，そのような他者との関係を拒否したり，集団から排斥したりする。他には，何らかの理由で他集団への所属変更が不可能な場合には，自分の所属する集団内の自分よりも優れた他者を排斥することで，自身のアイデンティティを維持したり高揚させたりしようとすることもある。これは，次項で説明する**社会的アイデンティティ理論**(social indentity theory: Tajfel & Turner, 1979)と関連している。

社会的排斥は，人の生存にとっての脅威であるとされており，排斥が身体的痛みに関連する脳部位である前部帯状回を活性化させることも示されている(Eisenberger et al., 2003)。その他にも，排斥されることにより攻撃的行動の増加，抑うつ感の上昇など，さまざまな問題や精神的不健康が生じることが明らかになっているが(浦, 2009)，未だメカニズムの解明および対処や介入方法の模索が続いている状態である。

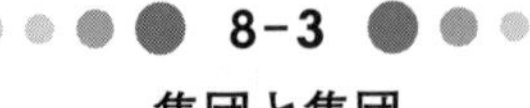

8-3 集団と集団

(1) 集団への所属意識による働き

既に登場している用語であるが，自身が所属する集団のことを内集団，それ以外の集団のことを外集団と呼ぶ。

タジフェルとターナー(Tajfel & Turner, 1979)による社会的アイデンティティ理論は，自身を集団の一部として自覚し，集団における成員性を自己の属性の一つとして認識する過程に着目したものである。集団における成員性を自己の属性の一つとして認識し，さらに誇りや愛着，あるいは恥ずかしさや嫌悪といった感情的な意味合いが加わったものを社会的アイデンティティと呼ぶ。

人は，内集団に誇りや愛着といったポジティブな感情を求め，ポジティブな社会的アイデンティティを獲得するよう動機づけられる。しかし，自分が所属する集団が必ずしも常にポジティブな感情をもたらしてくれるわけではなく，不祥事などが生じた際や他の成員による行動等によって，所属していることに恥ずかしさや自己嫌悪を感じさせられる場合もある。そうした場合は，ネガティブな社会的アイデンティティを抱くことになり，ときにその集団からの離脱を考えることもある。

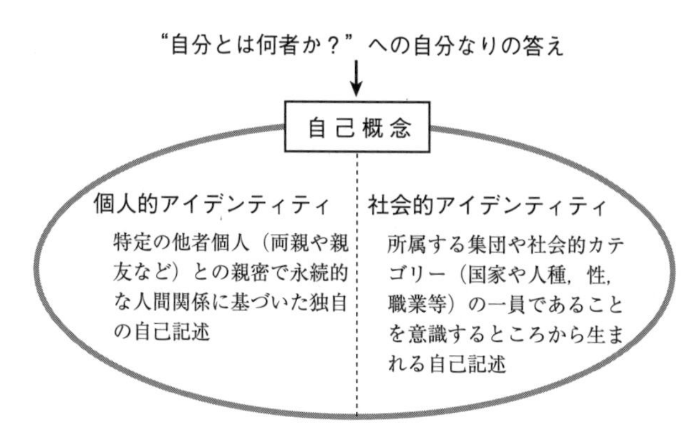

図 8·2　社会的アイデンティティ理論における自己概念の構造
出典）山口(2014)

しかし，人は一つの集団だけに所属しているわけではなく，複数の集団に所属しているため，特定の一つの集団への所属意識のみが常に活性化されるわけではない。たとえば，全国の大学生が集まるイベントでご当地グルメの話題になったら，自分は名古屋人であるということが活性化され，名古屋名物についてアピールを始めるかもしれない。しかしその後，話題がスポーツに変わると，先ほどまでの名古屋人という集団ではなく，たとえばフィギュアスケートのファンの一人であることが活性化されたりする。このように，自己を位置づけるカテゴリーは，自己の置かれている社会的文脈によって変化するのである(図 8·2)。

ところで，ポジティブな社会的アイデンティティを求める傾向は，**内集団ひいき**(in-group favoritism)あるいは**内集団バイアス**(in-group bias)と呼ばれる現象を引き起こし(Brewer, 1979)，さらには外集団成員に差別的な態度を示すことがある。たとえば，客観的に見て優劣の差がないとされている集団同士であっても，成員たちは自らの内集団の方が外集団よりも人格や能力が優れていると評価したり（Ferguson & Kelley, 1964），外集団成員の望ましくない行為は記憶しているにもかかわらず，内集団成員の望ましくない行為は忘れてしまったりすることが明らかにされている（Howard & Rothbart, 1980）。また，認知的側面だけでなく，内集団に対して多くの資源や報酬を分け与えようとするといった行動的側面でも内集団ひいきは生じる（Brewer & Kramer, 1986; Tajfel et al, 1971）。

(2) 集団間の葛藤

内集団と外集団という意識から，**集団間葛藤**（intergroup conflict）に発展することもある。集団間関係の葛藤を実証した有名な研究に，シェリフら（Sherif et al., 1961）のサマーキャンプ実験というものがある。

これは，アメリカのキャンプ場で行われたサマーキャンプに参加した11歳と12歳の少年たちを対象にしたフィールド実験である。実験は，「集団の形成」，「集団間の葛藤」，「葛藤の解消」という3段階に分かれていた。第一段階で，少年達は2つの集団に分けられ，それぞれ別のバスに乗ってキャンプ場へ向かい，異なる小屋で集団生活をスタートさせた。彼らは自分たちの集団に名前をつけ，リーダーが現れるようになり，集団内での一定の規範も生じ，凝集性も高まるようになった。ただし，2つの集団が相互作用する機会は設けられなかった。第二段階では集団間葛藤を生じさせるため，数日にわたり野球，綱引きなどの対抗試合を開催した。その結果，負けた集団が相手の旗を燃やしたり，それに対する報復行動が生じたりと，集団間の葛藤は増大し，敵意が高まった。その一方，集団内ではますます結束が高まった。そして，第三段階では，敵対的な相互作用を終わらせて友好的な関係に修復する試みが実験者によって行われた。まずは，両集団で一緒に映画を見たり，食事をしたりする機会を設けた。しかし，それでは集団間の葛藤がますます悪化することとなった。そこで，両集団にとって必要かつ重要な目標であるが，単独の集団では達成不可能であり，両集団が協力しなくてはならない状況をあえて作り出した。一つは，食糧を運んでいたトラックが動かなくなり，トラックを動かすには両集団の成員が協力して力を出さなくてはならないという状況であった。両集団の少年達は互いに協力し合いトラックを動かすことに成功した。その他にも，故障した水道管の場所を探しあてる際，最初は別々に探していたが，その後２つの集団が合流して協同で場所を見つけたり，彼らが見たい映画を上映するために費用を両集団で分かち合ったりという経験がなされた。こうした集団同士の共同的な相互作用の結果，敵対的感情は友好的なものに変わり，キャンプからの帰りには両集団で同じバスに乗って帰りたいという思いすら生じていた。このように，集団間葛藤を解消するためには，単なる成員同士の接触やコミュニケーションの機会を設けるだけでは不十分であり，異なる集団の成員たちが上位目標（superordinate goal）を認識し協力して問題解決にあたらなければならない状況が必要であることが確認された。

サマーキャンプ実験では，単なる接触では集団間葛藤を解消できず失敗に終わっている。集団間葛藤や外集団に対するネガティブな態度を変化させるためには，以下のような点に留意して接触をする必要があると言われている（Amir, 1969）。まずは，①接触する成員同士が対等な地位関係にあることである。そして，②競争的依存関係ではなく，協働することが双方の利益になるような協働的関係をつくることである。さらには，③接触することを支持する社会的・

制度的な枠組みの設定が必要だとされている。

8-4 職場集団

8-1節で説明したように，集団といっても非常に多様なものが存在するが，ここでは特に職場集団と深く関連のある特徴をいくつか紹介する。職場集団に関しては，組織の効率や生産性，成員のモラールや職場満足に着目し，これらを高める要因として，職場集団の構造，リーダーシップ，職場集団の雰囲気や風土，意志決定過程，職場間関係などについて研究されてきた。

(1) リーダーシップ

リーダーシップとは，組織の目標を達成し，組織としての能力を促進させることを意図した働きかけのことである(古川, 2011)。つまり，特定の成員のみが発揮するものではなく，成員誰であっても，集団の目標が達成できるように周囲の成員に促進的な働きを行えば，それはリーダーシップである。

坂田(2009)は，リーダーシップの有効性の決定因として何を重視しているかという観点から，リーダーシップに関する代表的な理論や研究を5つのアプローチから分類した(**表8·1**)。①リーダー中心のアプローチは，リーダーシップの有効性を規定する要因としてリーダー個人の特性等の諸要因に注目するものであり，②行動的アプローチはリーダーの行動や働きかけに注目するものである。このなかの**PM理論**(三隅, 1984)は特に有名な理論であり，目標達成機能である**P機能**(performance)と，集団維持機能である**M機能**

表 8·1　リーダーシップ研究のアプローチとその主要な理論・研究

アプローチ	主な理論・研究
リーダー中心アプローチ	性格特性(Stogdill, 1974) 情動的知能(Prati et al., 2003) リーダーシップ・スキル(Mumford et al., 2000) リーダーの倫理性(Brown et al., 2005) オーセンティック・リーダー(Avolio et al., 2004)
行動的アプローチ	民主型-専制型管理スタイル(Lewin et al., 1939) PM 理論(三隅, 1984) マネジリアル・グリッド(Blake & Mouton, 1964) 変革型リーダーシップ理論(Bass, 1998)
状況的アプローチ	コンティンジェンシー・モデル(Fiedler, 1967) パス-ゴール理論(House & Dessler, 1974) ライフスタイル理論(Hersey & Blanchard, 1977) リーダーシップ代替論(Kerr & Jermier, 1978)
相互作用的アプローチ	LMX(leader-member exchange)理論(Graen & Uhl-Bien, 1995) リーダーの原因帰属と行動(Mitchell et al., 1981) リーダーの報酬・懲罰行動とフォロワーの認知(Ball et al., 1992) 下方向・上方向・水平方向の影響戦略研究(Kipnis et al., 1980)
フォロワー中心アプローチ	自己リーダーシップ(Manz & Sims, 1980) 共有リーダーシップ(Pearce & Sims, 1999) リーダー・カテゴリー化理論(Lord et al., 1984) リーダーシップ幻想(Meindl, 1990) 社会的共有物としてのカリスマ認知の形成過程(Phillai, 1996)

出典）坂田(2009)

(maintenance)のそれぞれをどの程度備えているかによってリーダーの行動を4つのタイプに分けるというものであった。③状況的アプローチは，課題の構造化の程度やフォロワーの能力などの集団状況に着目をするアプローチである。そして，④相互作用的アプローチは，リーダーとフォロワーの双方向的な影響過程や交換関係のあり方に焦点を当てるものであり，最後の⑤フォロワー中心アプローチは，リーダーシップ過程における能動的な認知者や行動者としてのフォロワーに着目したものである。近年は，単独のリーダーによるトップダウン的かつ一方向的な影響プロセスに焦点をあてるのでは不十分であり，より相互作用的かつ動的なプロセスとしてリーダーシップを研究していく流れがあるようである。

(2) 組織コミュニケーション

コミュニケーションについて論じる際，タテとヨコという表現が用いられることがある。対等な二者関係におけるコミュニケーションはヨコのコミュニケーションであり，上司と部下の関係におけるコミュニケーションなどはタテのコミュニケーションである。さらに，上司から部下へのコミュニケーションはタテのコミュニケーションでも特に，下向きコミュニケーションと言う。それに対して，部下から上司へのコミュニケーションは上向きコミュニケーションと言う。産業心理学や組織心理学の領域では，このタテのコミュニケーションに関する研究が盛んに行われてきた。リッカート(Likert, 1961)によれば，上司が業績を上げさせようと思って加える圧力が部下から不当だと思われているような場合には，部下は上司に向かって提案をしがたいと感じるようになり，不平や苦情が持ち込まれなくなる。松原(1990)は，組織が有効に機能するためには，下向きのコミュニケーションに対する上向きのコミュニケーションの役割が非常に重要であると指摘している。組織としては，いかに上向きのコミュニケーションの頻度を高められるかを工夫することが重要である。

集団内のコミュニケーション構造については，リービット

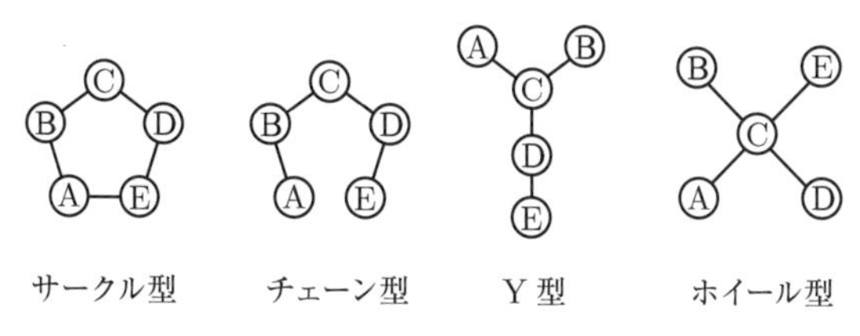

図 8·3　コミュニケーション構造の 4 つの型
出典）Leavitt (1951)をもとに作成

(Leavitt, 1951)が，コミュニケーション構造が操作された環境のもと男子学生 100 名に 5 人一組で問題解決課題に取り組ませ，課題解決までの所要時間，誤答数，作業の楽しさなどの成員の満足感を測定するという実験を行った。コミュニケーション構造は，**図 8·3** に示したサークル(円)型，チェーン(鎖)型，Y 型，ホイール(車輪)型といった成員の連結の仕方が異なるものであった。課題解決までの所要時間や誤答数などの作業の効率については，ホイール(車輪)型が最も高く，次いで Y 型であった。また，リーダーの発生もホイール(車輪)型が多かった。つまり，ホイール(車輪)型や Y 型のように情報を集中化できる構造のほうが高い生産性を生み，その中心に位置する成員は，他の成員に対する影響力も大きくなるということであり，この結果は他の研究でも支持されている(Shaw, 1954)。その一方で，作業の楽しさなどの成員の満足感は，ホイール(車輪)型よりもサークル(円)型の方が高かった。より詳細に結果を見ると，サークル(円)型では成員間の得点のばらつきは小さいが，ホイール(車輪)型や Y 型では，中心的位置の成員の得点は非常に高いがその他の成員の得点は低くなり，成員間の満足感のばらつきが非常に大きくなっていた。このように，構造の違いは，課題遂行の効果性のみならず，集団内の人間関係や成員の意欲や満足感にも影響を及ぼすとされている。ただし，コミュニケーションツールの発展に伴い，こうした集団内でのコミュニケーション構造自体も変化し，またコミュニケーション構造の機能も変化していることが予測される。

(3) チームワーク

チームとは，価値ある共通した目標・目的・任務のためにダイナミックで相互依存的，適応的な相互作用を交わす2人以上の人々からなる識別可能な集合のことである(Salas et al., 1992)。チームで課題に取り組む際，成員が取り組む活動はタスクワークとチームワークの2つに大別される(Morgan et al., 1993)。タスクワークとは，成員一人ひとりが業務として行う個人で完結する活動であり，チームワークとは，成員間でコミュニケーションをとったり，互いに助け合ったりする活動を指す。そして，チームワークは，観察可能な行動レベルの要素と，チームワーク行動の背後で働く心理的要素の2つで構成されていると考えられる(山口, 2009)。さらに，行動的要素は，チーム・パフォーマンスを調整し統制するための行動と，チームの人間関係に配慮して，それを調整し統制するための行動に大別できるとされている。一方の心理的要素には，集団凝集性，モラール，コミットメント，集団同一視，集団規範など多様な要素があるという。

近年，国際的にも国内的にもチームワーク能力が求められるようになっていることから，相川ら(2012)は，個人がチームに属したときに発揮するチームワークについての個人の能力を測定するための尺度を開発している。この尺度の妥当性検討などを行った結果，個人のチームワーク能力を構成する下位能力として，コミュニケーション能力，チーム志向能力，バックアップ能力，モニタリング能力，リーダーシップ能力の5つが確認され，さらにコミュニケーション能力が他の4つの能力を下支えしていることも示された。

まとめ

- ❑ 集団とは，何らかの理由・目的があって集まった2人またはそれ以上の人々が，コミュニケーションをとり相互作用しながら作り上げる社会システムであり，群集とは異なる。
- ❑ 集団の特徴として，集団凝集性，集団規範，少数者の影響，オストラシズムなどがあり，また集団間葛藤といった集団同士の影響過程も存在する。
- ❑ 職場集団に関係の深いものとして，リーダーシップ，組織コミュニケーション，チームワークなどがある。

より進んだ学習のための読書案内

本間道子(2011).『集団行動の心理学―ダイナミックな社会関係のなかで』サイエンス社

☞集団の定義，形成と発達，集団内の影響過程，生産性，意思や合意の決定，集団間関係について，わかりやすく解説している書である。研究だけでなく，実際のフィールドで役に立つヒントも多く記されている。

山口裕幸(2008).『チームワークの心理学―よりよい集団づくりをめざして』サイエンス社

☞集団研究の成果を踏まえ，優れたチームワークを発揮するためのさまざまな方法が提案されている。研究だけでなく，ビジネスマンやスポーツ関係者にも役立つヒントが多く紹介されている。

古川久敬(2011).『組織心理学―組織を知り活躍する人のために』培風館

☞本章であまり詳しく触れられなかった組織集団に関して，非常に詳しくまとめられている書である。組織で活躍している人，これから活躍しようとしている人に向けて，組織の心理と行動について記載された実践的な内容となっている。

課題・問題

1．あなたが現在所属している集団を思いつくだけ書き出してみよう。そして，その中であなたにとっての準拠集団はどれか考えてみよう。

2．あなたが現在所属している集団で，最も集団凝集性が高い集団を思い浮かべ，その集団の特徴について良い面と悪い面の双方から考えてみよう。

3．敵対している集団があったとして，その２つの集団を少しでも友好的な関係に変えるためにはどのような介入をしたらよいか考えてみよう。

9章

社会の中でのコミュニケーションと意思決定

社会的相互作用の現象と理論

❰キーワード❱
コミュニケーション，ゲーム理論，社会的ジレンマ，相互作用，口コミ，普及過程，リスク・コミュニケーション

社会においては，人々は**コミュニケーション**（communication）を行っている。二者間の場合の相互作用でのコミュニケーションは双方向的なものであるが，三者間，四者間と成員の人数が増えるにしたがって，相互作用の組み合わせは飛躍的に増大して，コミュニケーションのあり方も複雑になる。また，コミュニケーションは，各人の利害が対立して互いが戦略的に振る舞うことがある。それにもかかわらず，互いのコミュニケーションは，信頼を高めて協力を引き出し，社会的葛藤の出現をある程度抑制することにつながることもある。

社会におけるコミュニケーションでは，人々の間の所謂口コミだけでなく，**マスコミ**（mass communication の略称）と言われる新聞，雑誌，テレビなどによる大規模にわたる情報伝達や，インターネットなどの媒体による情報の伝達もある。マスコミによる影響に関して，オピニオン・リーダーからフォロワーへの二段階を経るという二段階説がある。また，このようなアイデアや技術の普及過程については，ロジャーズ(Rogers, 1983)という社会学者は，知識，態度，決定，実行，確信という意思決定過程があることを提案している。また，早期に新しいイノベーションを取り入れる革新的採用者から最後にイノベーションや流行を取り入れる採用遅滞者などさまざまなグループの人々がいる。

社会におけるコミュニケーションでは，人々の間のコミュニケーションだけでなく，特に危険な事象についての，政府，自治体，企業などの組織によるコミュニケーションも行われており，社会的意思決定に関わっている。人々の意思決定においては，確率判断の歪みやゼロリスクを求めるバイアスも存在している。また，そのコミュニケーションでは，**信頼**(trust)が重要な役割を担っており，信頼を失った組織からのコミュニケーションは効果を持たなくなるなどの問題がある。本章では，これらの問題について解説を行う。

9-1
社会の中の相互作用とコミュニケーション

人々は，さまざまな社会関係の中で5章で示したような対人コミュニケーションを行っているが，人々のコミュニケーションの過程は二者間あるいは三者間に収まるものでもなく，もっと多くの人々との間でコミュニケーションを行っている。また，マスコミからの情報伝達や，インターネットなどの媒体によっても情報の伝達をしている(インターネットによる情報伝達もマスコミに含まれる場合がある)。

人間は，8 章で示したような人間関係，諸集団，諸組織を含んだ社会(society)の中で暮らしている。社会というのは，手にとって見えるような実体ではなく，抽象的に記述すると，諸個人の集まりとその個人間の関係性の総称である。社会の中では，人々は，大変複雑な関係性をもって生活している。このことについてもう少し具体的に説明してみよう。

「社会」という場合は，大勢の組織化された集団で，人々の相互コミュニケーションがある場合を指すことが多いが，簡単のためにまず二人だけの関係を示して，社会関係がいかに複雑であることを示してみる。**図 9·1** に示すように，A さんと B さんの二人がいるとする。A さんは B さんのことを好きで，ある日「来週映画に二人で一緒に行きませんか？」とデートに誘ったとする。A さんから B さんへのこのコミュニケーションを→で示す。また，B さんは A さんのことをちょっと好きで内心では少し喜んでいるが，A さんが本当に恋愛の対象になるかよくわからなかったので，「ちょっと来週は，

図 9·1 二人の相互作用と社会関係

仕事があって行けない」ととりあえず断ったとする。この断りのコミュニケーションを←で示す。このようにAさんとBさんのコミュニケーションは，AさんからBさんへの関係(Aさん→Bさん)，BさんからAさんへのコミュニケーションはBさんからAさんへの関係(Bさん→Aさん)で表現できる。

このように二人だけで構成される対人関係においても，Aさん，Bさん，そしてAさんからBさんへの関係，BさんからAさんへの関係という集合が少なくとも存在することになる。集合で書くと，

{Aさん，Bさん，(Aさん，Bさん)，(Bさん，Aさん)} ただし，(Aさん，Bさん)は，AさんからBさんへの関係をあらわす順序対，(Bさん，Aさん)は，BさんからAさんへの関係をあらわす順序対となる。順序対というのは，2つの要素の順序を考えた対の集合で，一般に，(Aさん，Bさん)≠(Bさん，Aさん)である。ここで，(Aさん，Bさん)，(Bさん，Aさん)の順序対は，AさんとBさんを要素として作られるあらゆる組み合わせの順序対の集合(直積集合：{(Aさん，Aさん)，(Aさん，Bさん)，(Bさん，Aさん)，(Bさん，Bさん)})の要素になっている。

また，二人の関係においては，AさんからBさんの行為がBさんからAさんの行為を規定し，その逆の関係も存在するという動的な**相互依存関係**がある。たとえば，Aさんがデートに誘った場合と，誘わなかった場合でBさんの行為は変わってくる。さらには，Aさん自身の行為が次のAさんの行為を規定するという側面をもっている。たとえば，Bさんが一度デートを断ったことが，今度のBさん自身の行為に影響を与えることがあるだろう。そして，さらに，二者間の関係の中では，各人は戦略的に振舞うことがある。たとえば，Aさんが「もし僕がBさんを誘ったら，Bさんはどう思うかな？

嫌われてしまうだろうか，誘ったら断られるから誘わないでおこうか」と考えたり，Bさんが「Aさんから誘われたけど，ここですぐにOKしては軽い人間と思われるからとりあえずやめておこう」というように，相手の出方を考えて自分の行為を決めることがある。二者間のコミュニケーションだけでも複雑であるが，これが三者関係以上になるとコミュニケーションの仕方はさらに複雑になる。また，Aさん，Bさんのコミュニケーションを C さんが観察して，またAさん，Bさんは，Cさんの観察の結果の行為を予想して戦略的にコミュニケーションをすることもあるだろう。

このように，二者間，あるいは三者間のコミュニケーションの関係を考えただけでも大変複雑であり，各人の行動を予測するのは大変難しい。これが，**図9·2**に示したような，五人の関係であるとするとどうなるだろうか。五人の中の任意の二者関係の順序対は，自己同士の関係を除くと20個($_5C_2 \cdot 2! = 20$)になる。さらに，Aさん→Bさん→Cさん，というような三人関係を考えると，集合論的には三項関係になり，自己同士の関係を除くと60個($_5C_3 \cdot 3! = 60$)になり，四人関係を考えると，同様に120個($_5C_4 \cdot 4! = 120$)，五人関係を考えると，同様に120個($_5C_5 \cdot 5! = 120$)になる。このよう

図9·2 5人でのコミュニケーション関係
矢印は三者関係を示している。

に，たった五人の社会を考えても相互関係は大変複雑である。社会における人間行動を把握しようとすると，このような複雑な関係性の中で，個々人はコミュニケーションをとりながら行動を行っていることを把握する必要があるだろう。

ダンバー(Dunbar, 1998)は，人がこのような複雑な社会的関係に対処するために脳を急速に進化させたという**社会脳仮説(マキャベリ的知能仮説)**という仮説を提唱している。彼は，霊長類間における「脳のサイズの予測」という観点から，この仮説の妥当性を吟味している。脳のサイズに関して，ダンバーは，全体の脳サイズに対する新皮質の占める比率を用いて，いろいろな種におけるさまざまな指標との相関関係を分析した結果，集団サイズにおいてのみ，新皮質の比率との高い相関を見出した。この結果は，社会脳仮説を支持しているといえる。この分析は相関関係をもとにしているだけであり因果関係については十分明らかになっているとはいえない。しかし，この相関関係は，集団内の人間関係のコミュニケーションのためには，相当高度な脳の処理能力が要求されていることを示唆している。

9-2
コミュニケーションの戦略性とゲーム理論

人間の社会関係においては，コミュニケーションの相互依存関係や戦略的関係のためにコミュニケーションやそれにともなる諸結果が複雑になることがある。たとえば，社会の中の各個人が結果の不確実性に対処して合理的に行動しているにもかかわらず，社会集団の挙動としては非合理的であることも有り得る。 このことを例証するために，まず，より単純な二者関係から考え，**囚人のジレンマ**(prisoner's dilemma)という問題をとりあげてみる。

囚人のジレンマとは次のような状況である(Luce & Raiffa, 1957)。容疑者1と容疑者2がある犯罪の共犯容疑で逮捕されたが，決定的な証拠がないために起訴されないでいる。両方とも自白しないと，付随する軽微な罪で起訴されるので，それぞれ1年の刑になる。二人の有罪を立証するために，少なくとも一人の自白が必要なので，検察官は二人を別々に尋問し，もし一人だけが自白をすれば自白した容疑者の刑は軽くして3ヵ月の刑にするという。また，その場合自白しなかった者は10年の刑になる。両方ともが自白してしまった場合は，それぞれ8年の刑になる。容疑者達は，それぞれ，否認するか，自白するかのどちらかの選択肢を持っている。この状況をわかりやすくするために，**表9·1**に示した。

この状況を**ゲーム理論**(game theory)と呼ばれる理論体系から考えてみよう。この理論は，フォン・ノイマンとモルゲンシュテルン(von Neumann & Morgenstern, 1947)によって最初に提唱されたのだが，最近においては，それ以降進展した理論をもとに心理学，社会学，生物学，経済学などでも盛んに用いられている。基本的には，この理論体系では，社会における各個人が相手の意図を推測して戦

表9·1　囚人のジレンマにおける相互依存関係

容疑者2の選択 ＼ 容疑者1の選択	否認する	自白する
否認する	それぞれ1年の刑期	10年の刑期(容疑者1) 3ヵ月の刑期(容疑者2)
自白する	3ヵ月の刑期(容疑者1) 10年の刑期(容疑者2)	それぞれ8年の刑期

出典)Luce & Raiffa (1957)

略的かつ合理的に意思決定することが仮定されている。

囚人のジレンマの状況では，容疑者1にとっても，容疑者2にとっても，相手がいずれの選択をしようとも，自白する方が有利になっているので，自白することが否認するより優越している。ゲーム理論ではこれを**優越方略**(dominant strategy)であると呼ぶ。個人合理性の観点から言うと，両者が優越方略の自白を選ぶことが望ましいと言えるだろう。また,両者が優越方略をとって自白することは,両者の状態に一種の均衡状態をもたらす。というのは，その状況で一方が選択を変えても，その意思決定者にとって有利になることはないからである。このような自白と自白の組み合わせの状態は，**ナッシュ均衡**(Nash equilibrium: Nash, 1951)にあると言える。ナッシュ均衡とは，すべての成員にとって，他者の選択を同一のまま所与とした上で，別の選択肢を単独で選んだとしても，各人にとって利得の改善がみられないような状態のことである。囚人のジレンマでは，自白と自白の組み合わせの状態が唯一のナッシュ均衡になっている。

しかし，両者ともが裏切って自白しているこのナッシュ均衡の状態が容疑者たちにとって最も望ましいのかというとそうではない(ただし検察官にとっては最も望ましい)。両者が協力して否認している場合の方が，ナッシュ均衡になっている場合よりも，お互いにとって望ましい状態であるからである。囚人のジレンマにおいて，両者が否認している状態は，**パレート最適**(Pareto optimum)になっていると言う。パレート最適とは，ある人の効用を減少させることなしには，どの人の利得も増加させることができない状態のことである。囚人のジレンマでは，パレート最適は,(自白，否認),(否認,自白)の2状態でも存在するが，パレート最適の状態が，両者の優越方略に基づいて生じるナッシュ均衡と一致しないのである。また，個人合理性の帰結であるナッシュ均衡から両者が否認を選ぶと，両者の状態が改善できる(パレート改善になる)ことが，このゲーム事態が「ジレンマ」と呼ばれる所以になっている。このように，個人合理性の観点から行動をしても集団的な観点からは合理的でない状況があり得るのである。

囚人のジレンマゲームが繰り返し実行される場合，パレート最適になる協力関係が成立しやすい。理論的には，ゲームが無限に繰り返される場合に，黙秘という協力行動が一つのナッシュ均衡として実現しうることがわかっている。さらに，ゲームが有限回しか繰り返されない場合ですら，ある条件を満たすと協力行動が実現しうることがクレプスら(Kreps et al., 1982)によって理論的に導かれている。また，ドウズらは，プレーヤーがゲームを行う前に，直面する事態に関してコミュニケーションを行うと，協力の実現可能性が非常に高まることを示し，それは，コミュニケーションがプレーヤー間の倫理感を高めるためであろうと推察したのである(Dawes & Tha1er, 1998)。

囚人のジレンマの具体例は，実際の企業の労使関係，国家間の軍事競争，企業間の競争，公共財の消費，税金の申告などの種々の問題において現れている(Schelling, 1960; Dixit &A Nalebuff, 1991; Poundstone, 1993)。このような状況では，お互いのコミュニケーションが相手への信頼を高めたり，お互いのコミットメントを高めて協力行動を促進させることが期待できる。

また，囚人のジレンマでは，二者の問題が考えられることが多いが，より参加者が多い社会のなかでの囚人のジレンマは，**社会的ジレンマ**(social dilemma)と呼ばれることがある(山岸, 1989；藤井,

2003)。社会的ジレンマは，囚人のジレンマよりもより一般的な概念であるが，ドウズ(Dawes, 1980)によると，以下のような条件での社会的状態である。

1. 各個人が，協力か非協力を選択することができる。
2. 個人的には，協力より非協力を選択する方が有利な結果を得る。
3. 全員が非協力を選択すると，全員が協力を選んだ場合よりも，良くない結果が生じる。

社会的ジレンマは，たとえば，ゴミの分別回収は社会的には望ましいが個人的には面倒であるような状況，マイカー通勤を全員がすると都市の交通渋滞がおこるが個人的にはマイカー通勤したほうが楽であるというような状況などにおいても認められる。また，各国をひとつの主体と考えると，社会的ジレンマは，地球環境問題の克服のために CO_2 削減に各国が応じることは望ましいことであるにもかかわらず，自国の経済的利益からすると，削減をしない方が有利であるような現代の国際社会の状況にも認めることができる。

このような社会的ジレンマの問題を解決するには，個人的合理性だけを考えていても無理である。各個人のミクロの視点で成立することでも集団や社会のようなマクロの視点では成立しないにもかかわらず，ミクロの視点からマクロの事象に当てはめる間違いを**合成の誤謬**(fallacy of composition)とか**集団錯誤**(group fallacy)と呼ぶことがあるが，社会現象の解釈においては，このような誤謬を避ける必要がある。また，亀田・村田(2000)は，社会におけるミクロな現象とマクロな現象との間の関係である**ミクロ-マクロ関係**(micro-macro relations)を明らかにすることが，社会行動の予測や社会的ジレンマの解決にとって非常に重要なことを指摘している。

このような社会的ジレンマの事態においても，個人相互間のコミュニケーションが協力の達成に貢献することが知られている(Balliet, 2010)。お互いのコミュニケーションをとることは，その結果が単なる会話であったとしても有効なのである。人間は，コミュニケーションによって，お互いの協力行動を引き出しているともいえる。

9-3
口コミと普及過程

先に示したように，社会過程においては，コミュニケーションを通じて意思決定行動が変わることがこれまでにわかっているが，特に消費者行動の研究では，**口コミ**(word of mouth)という用語が用いられて，消費者間相互作用の重要概念として用いられている。

口コミ情報は，対人的なコミュニケーションだけでなく，ネット上においても伝えられるようになってきている。最近ではネット上において口コミ情報を組織的に掲示するようなツイッターなどのようなサービスを企業が提供するようになった。このようなサービスの出現は，ますます消費者の口コミ情報が消費行動に大きな影響を与え，企業の経営にも大きなウエイトを占めるようになると予想できる。

普及過程についての理論を出しているロジャーズ(Rogers, 1983)は，通常の広告は商品の知名に影響を及ぼすが，口コミは商品の選択段階に影響を及ぼすと述べている。また，日本広告業協会「広告の機能と役割小委員会」が 1999 年に，首都圏に住む 20 歳代から 50 歳代の男女 12 名に面接調査員と一対一で行うデプスインタビューを行い，友人，知人，販売員によるアドバイスなどの口コミ情報が，最終的な判断において影響するという知見を出している（日本広告業協会「広告の機能と役割小委員会」, 2000）。また，この調査では，新製品の認知は，主に新聞やテレビの記事や広告，交通広告，メール広告でなされ，興味を持った商品についての詳しい情報は，カタログ，専門雑誌，ホームページでなされ，最終的な判断においては口コミが影響するということがわかっている。

サンダラムとウェブスター（Sundaram & Webster, 1999）は，口コミの効果がブランドに対する**熟知度**（familiarity）によって変わると考え，熟知度が低い場合と高い場合とでどちらが口コミの購買意図やブランドへの態度に及ぼす効果が強いのかを検討している。この実験の結果から，ポジティブな口コミが最もブランドの購買意図が高く，ブランドへの態度も好意的で，ネガティブな口コミが最もブランドの購買意図と態度とも良くないという結果になっている。また，熟知性については，熟知性の高いブランドの方が低いブランドより，ブランドの購買意図が高く態度も好意的であることがわかった。さらに，興味深いことに，口コミのタイプと熟知性の組み合わせによって，結果が大きく異なることもわかっている。つまり，ポジティブな口コミについてはブランドの熟知性が高くても低くてもそれほど購買意図や態度に大きな違いを与えないが，ネガティブな口コミについては，ブランドの熟知性が高いとそれほどブランド購買意図も態度も低下しないが，熟知性が低いとかなり低下してしまうのである。つまり，熟知性の低いブランドが悪い口コミを受けるとその影響は致命的になるのである。大規模な事故による環境汚染などであまり有名でないブランドが致命的な影響を受けるということは，これまでわが国でもかなり観測されるが，このような悪い口コミの影響は，良く知られていないブランドほど大きいということなのである。口コミの効果の実験や調査は，他にもいろいろとなされている。ハーら(Herr et al., 1991)は，パソコンの商品評価に関する心理実験をして，口コミで経験談を伝えられる方が，印刷媒体で伝えられるより，商品の評価に及ぼす効果が大きいことを見出している。また，良い口コミよりも悪い口コミの効果の方が大きいことを示している。

それでは，口コミ情報発信者になったり，受信者になったりしやすい人というのはいるのだろうか。カッツとラザースフェルド(Katz & Lazarsfeld, 1955)は，彼らのコミュニケーションの二段階説において，他者に影響力のあるオピニオン・リーダーになりやすい者とそのフォロワー(追随者)になりやすい者がいるということを述べている。この理論は，政治的な内容についての世論の形成において，マスコミの情報を直接一般の人々が影響を受けるのではなくて，オピニオン・リーダーによって媒介されて，一般の人々(フォロワー)が影響を受けるというものである。

ロジャーズは，商品だけではなく，技術の新しい思想やアイデアなどのイノベーション(革新)がどのように普及拡散するかということについて，カッツとラザースフェルドの二段階説よりより詳細なカテゴリーを基にした説を述べている。彼は，調査により，イノベーションが普及・拡散する過程の採用者を標準的な5カテゴリーに分け，これら採用者の数を時間軸にわたってプロットするとそれが釣鐘型分布になり(図9·3参照)，累積度数分布の曲線がSカーブとなることを発見した。各カテゴリーは採用順に**革新的採用者**(innovators)，**初期少数採用者**(early adaptors)，**前期多数採用者**(early majority)，**後期多数採用者**(late majority)，**採用遅滞者**

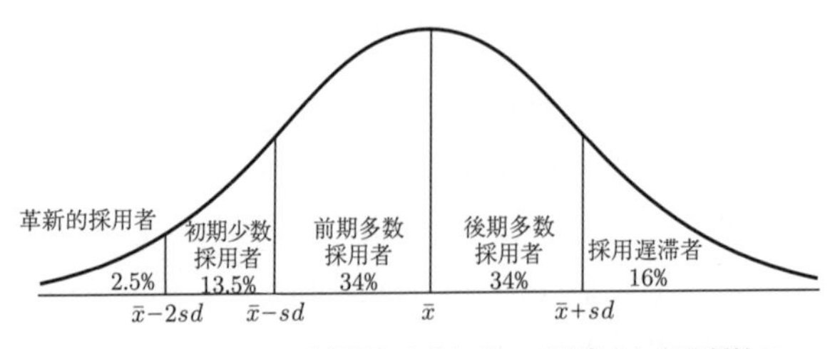

いつイノベーションを採用したかによって測定される革新性の大きさには，連続性がある。採用時点の平均値から標準偏差ずつ区切ることにより，この連続体は五つの採用者カテゴリーに分けられる。

図 9·3　革新性をもとにした採用者カテゴリー

出典）ロジャーズ(1990)

(laggards)と呼ばれている。革新的採用者は，新しいアイデアや技術を最初に採用するグループであり，リスクや不確実性への対処能力が高く，新規なアイデアに許容的で，他の革新者とも交流する。他のグループの成員からはあまり尊敬はされていないが，普及課程において重要な役割を果たす。初期少数採用者は，オピニオン・リーダーに相当し，他のカテゴリーのメンバーと比較すると周囲に対する影響度が最も高く尊敬されており，革新者よりも採用選択を社会的に適応する形で行い，オピニオン・リーダーとしての地位を維持する。初期多数採用者のメンバーはイノベーションに対して慎重であり，一定の時間が経ってからアイデアの採用を行い，仲間との相互作用は盛んである。後期多数採用者のカテゴリーにいるメンバーは平均的な人が採用した後にアイデアを採用し，イノベーションが半ば普及していてもイノベーションに対して懐疑的である。採用遅滞者は他のカテゴリーと比較すると社会的な影響力は極めて低く，変化を嫌い伝統を好み，イノベーションを最後に採用する。

9-4 普及における意思決定過程

ロジャーズ(1983)は，イノベーションの普及は，個人による5つの決定段階(図 9·4)によっているという概念モデルを提案している。これによると，第一が**知識**(knowledge)段階であり，個人がイノベーションの存在を知り，いかに機能するかについて理解を得る段階である。第二が**態度**あるいは**説得**(persuasion)段階であり，個人がイノベーションに対して好意的または，非好意的な態度を形成する段階である。第三が**決定**(decision)段階であり，個人がイノベーションを使用するかどうかを決定する段階である。第四が**実行**

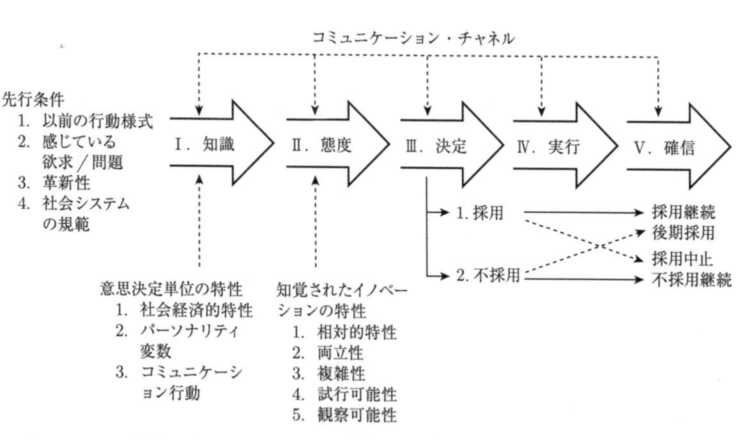

イノベーション決定過程は，個人（もしくは他の意思決定単位）がイノベーションについての最初の知識を得てから，イノベーションに対する態度を形成し，採用もしくは拒否の決定を行い，新しいアイデアを実行し，そして，その決定を確信するまでの心的過程である。簡潔にするため，このパラダイムではイノベーションの結果については示していない。

図 9·4 イノベーション決定過程における段階のモデル

出典）ロジャーズ(1990)

(implementation)段階であり，個人がイノベーションを使う段階である。最後の第五が確信あるいは**確認**(confirmation)段階であり，すでに行ったイノベーションの決定について個人が再評価や確認を行う段階である。

このような概念区分があるが，この意思決定の段階をさらに詳しく考察してみよう。経済行動などに代表される人々の意思決定過程は，一種の問題解決の過程として理解することができるが，当該の問題解決において目標状態の達成のために関連する情報を探索する(竹村, 2009)。したがって，ロジャーズの知識段階や態度段階の前に情報探索が行われると考えることができる。一般に，情報探索は記憶の中の情報関連情報を検索する**内部情報探索**(internal information search)から出発し，もし記憶に十分な情報が存在しない場合には，外部の情報源へ向けてなされる**外部情報探索**(external information search)が行われる。

外部情報探索は，特定の商品の購買行動などの意思決定のために情報探索を行うことがあるだけでなく，知識欲求を満たすとか，好奇心を満たすだけの目的でなされることがある。口コミの情報探索は，パソコンの購入を考えている消費者が，友人や店員にメーカーやブランドの評判を尋ねたり，どんな点を検討すべきかを聞いたりするような場合もあるが，インターネットや日常会話において，メーカーやブランドの評判やうわさを聞くという場合ある。口コミの効果は，悪い評判において特に顕著になると予想される。たとえば，環境汚染による農作物の被害や中毒事件や自動車の欠陥などがニュースで報道されると，これに伴う消費者の購買心理や購買行動に大きな影響が出ている。

杉本(1997)によると，口コミの発生は，情報発信者がある商品に強く関与していたり，特別の関心を持っていて他者にその商品のことを話すことが楽しみであったり，知識があることを示したいという欲求や，他者の役に立ちたいという欲求などに基づいている。また，商品の欠陥や質の悪いサービスを受けたときに，そのことを他者に伝えることで心理的な安定を得るという欲求もあるだろう。口コミの情報発信者にとっては，自分達の購買に関する情報や客観的利得はないが，上に示したような心理的な欲求を満たすという機能はあると考えられる。一方，口コミ情報の受信者にとっては，口コミは，商品についての知識や情報を提供してくれるという意味で購買意思決定を支援する機能を持っていると言える。杉本(1997)は，口コミ情報の受信者が，商品の知識を十分に持っていない時や，情報を持っている場合であっても商品選択の判断が容易にできなかったり，確信が持てない時，口コミ情報を利用することによって購買決定が容易になると指摘している。

口コミのような対人間相互作用は，どのような意思決定にどのような影響を与えるのだろうか。竹村と江口(1995)は，意思決定における情報の取得過程を記録する情報モニタリング法を用いたパッケージ旅行の共同意思決定の実験を行っているが，その実験では，大学生男女 106 名を対象に，対面状況での意思決定を行う条件，互いに離れた部屋でテレビ電話を用いて交信しながら意思決定を行う条件，電話を用いて交信しながら意思決定を行う条件の 3 つを設定している。基本的な実験手続きは，各条件の実験参加者が，パソコンのマウスを利用して，パッケージ旅行についての情報を自由に探索し，互いに話し合いながら意思決定を行った。意思決定を行った後，実験参加者は選択肢についてどれくらい記憶しているかのテストを受け，さらに，意思決定過程の心理状態についての質問紙に回答した。実験の結果，情報探索行動については条件間でとくに目立った差異はなかったが，対面状況の方が，決定のリスクを最も低く感じていることがわかった。また，電話条件の被験者が最も決定のリスクを高く感じられていることもわかった。このことは，対面による非言語的コミュニケーションがリスクの知覚に影響を与えていることを示唆している。また，対面条件の被験者は，他の条件の被験者に比べて，共同意思決定において自分の意見の譲歩が少なく，自分の意見の主張をよくしたと感じがちであることがわかった。このように相手と対面するということの効果があるということは，相互作用においては単に購買意思決定の関連情報だけではなく非言語的な情報も影響力があるということを示した。

9-5
不確実性下での意思決定とリスクコミュニケーション

私たちの日常生活をかんがみると，さまざまな危険な事象に取り囲まれている。たとえば，AIDS，鳥インフルエンザ，BSE，SARSなどの疾病，地震，台風，津波などの自然災害，さらには，交通事故，発電所事故，犯罪，テロ，戦争と言うようなさまざまな危険に取り囲まれている。我々のすべてがこのような事象による被害を受けることは必ずしもないが，そのような被害を受ける可能性は誰しもが持っている。このような被害や損害を受ける可能性に関して，**リスク**(risk)という用語が用いられることが多い。この用語は，近年のグローバリゼーションの進行とともにますます用いられる傾向がある。リスクは，我々の社会における「安全」を考える上での重要な概念となっている(吉川ら, 2003)。

リスク概念の定義は，全米研究評議会(National Research Council, 1983, 1989)による「被害の生起確率と被害の重大性の積」というものがあるが,「被害の生起確率」のことを指したり,「被害の確率分布」を指したり,「被害の可能性」を指したり，さまざまなものがある。また，確率分布がわかっていない事態も「リスク」として捉えられることもある。リスク論でのリスク概念は, 後で述べるように, 意思決定論で言うところの「結果の確率分布が既知な状況」に関するリスクの事態と「確率分布が既知でない状況」に関する不確実性の事態を含んでいると解釈することができる。

社会学者のベック(Beck, 1986, 2002)は，リスクに取り囲まれた現代社会を「リスク社会」と命名している。ベック(1986)によれば, 現代のリスク社会の「リスク」には，次の３つの特徴がある。まず, 第一に，地理的・場所的な境界がなく，グローバル化していることである。このことは，チェルノブイリや福島の原子力発電所の事故や，金融危機，AIDS，SARS，鳥インフルエンザなどを考えると明らかである。第二に，その原因や因果性を突き止めることが困難である点である。このことは，たとえば，大気汚染や海洋汚染などの場合，汚染源を特定することは困難であるし，汚染源も複合しており，その特定化が困難になっていることからも示される。また，その汚染物質のそれぞれが健康にどのような影響を与えるのかもわからない部分がある。第三に，民間企業の保険や国家による補償が困難な点がある。たとえば，原子力発電所に重大な事故が起こった場合，あるいは遺伝子工学や化学工業において重大な事故が，世界的規模で起こった場合，国家による保障や保険による保障は極めて困難である。

一方，ベックの立場とは異なり，現代社会におけるリスクを，技術的な観点から検討する**リスク解析**(risk analysis)の立場がある。リスク解析は，リスクに関する科学的研究から政策決定に至るまでの**リスク査定**(risk assessment)，リスク管理，リスクコミュニケーションからなるプロセスを経ると指摘されているが(National Research Institute, 1983)，リスク査定では，人間の健康，生命への危害とその確率を明らかにしようとする。すなわち，リスク解析の研究者による定義は，確率論や期待効用理論に基づく(竹村, 2006)。

リスクに関する政策を取る上で，人々がどのようにリスクを認知しているかというリスクの主観的な側面を把握する必要がる。このようなリスクの人々の認知のあり方を**リスク認知**(risk perception)と呼んでいる。

リスク認知の測定は，木下(2000)によると，①社会調査法(面接，電話，郵送調査など)，②心理学的尺度構成法(サーストン法，リッカート法，ガットマン法，SD法など)，③目録格子法(個人的構成体理論や認知的複雑性理論を背景とした認知地図を明らかにする方法)，④投影法(絵画統覚法，略画法，言語連想法，PFテスト，文章完成法など)，⑤多次元尺度構成法(②の心理学的尺度構成法を多次元に拡張した尺度構成法で，最小空間分析法，多次元尺度分析法，数量化理論など)がある。

人々のリスク認知に関して，スロビック(Slovic, P.)らが，国際比較を含めかなり大規模な研究を行っている(Slovic, 2000)。彼らの研究によると，「恐ろしさ」と「未知性」という次元がリスク認知の基本因子であることがわかっている。恐ろしさ因子は，「災害が発生したとき，その被害規模を制御できるか」，「世界的破滅に導く潜在力があるか」，「将来世代への脅威となるか」，「恐ろしいという感情を引き起こすか」といった評価要素で構成される。そして，この恐ろしさイメージの高い事象として，核兵器や神経ガス事故と並んで原子力事故が指摘されている。なぜこのような認知がなされるかについて，木下(2000)は，これまでの研究を整理して，自発的な関わりで生じたものではない，個人でコントロールできない，広い範囲で被害を及ぼす，死につながる，次の世代への影響の可能性がある，進行過程がみえにくく何が起こっているかわからないと，人々が思っているリスク事象は，過大に判断されることを指摘している。

経済学者のアレ(Allais, 1953)は，ゲーム理論にも仮定されているような合理的意思決定の理論からは説明できないアレのパラドックスを指摘している(竹村, 2009)。この現象は，確実な利得を不確実な利得よりも高く選好するという**確実性効果**(certainty effect)によって生じると考えられている。このような確実性効果は，ゼロリスク効果の一つの原因として考えられることがあり(中谷内, 2004)，非合理的な意思決定現象であると考えられることもある。たとえば，交通事故死亡確率を56%から55%に減らすのに10億円かけるのは無駄だと感じるのに，1%から0%に10億円かけるのは受容するという判断はゼロリスク効果を示している。

リスクの研究においては，確率分布がわかっている状況だけでなく，確率分布がわからないような状況での意思決定も扱わざるを得ない。このようなリスクを取り巻く環境の分類として，意思決定者がどれだけ知っているかという意思決定環境の知識の性質からの試みがある(竹村・吉川・藤井, 2004)。これによると，それは次の3つに大別できる(図9·5)。すなわち，①**確実性下の意思決定**(decision making under certainty)，②**リスク下の意思決定**(decision making under uncertainty)，③**不確実性下**(狭義での不確実性下)**の意思決定**(decision making under uncertainty)である。さらにこの不確実性

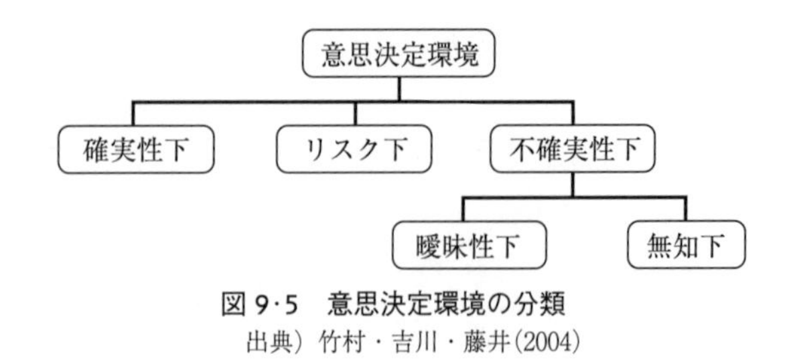

図 9·5　意思決定環境の分類
出典）竹村・吉川・藤井(2004)

下の意思決定は，曖昧性(ambiguity)下と無知(ignorance)下に区分することができる。①の確実性下の意思決定は，結果が確実に起こる場合の意思決定であり，通常リスク研究では問題にならない。②のリスク下の意思決定は，結果の確率分布がわかっている状況で，確率論による数理的扱いが容易にできる。③の不確実性下の意思決定は，結果の確率分布はわからないが何が起こりうるかがわかっている曖昧性下の状況と何が起こりうるかもわからない無知下の状況がある。リスク研究では，リスク下と不確実性下の意思決定を包括的に扱うことが多い。

特に，不確実性下の意思決定においては，**処方的アプローチ**(prescriptive approach)がとられることが多い。処方的アプローチは，合理的な意思決定を支援することを目標とするが，現実の問題状況にあわせて，意思決定をサポートするためのアプローチである。

従来の意思決定理論は，**規範理論**(normative theory)と**記述理論**(descriptive theory)との2つに大別される。前者は，合理的な意思決定を志向し，どのような意思決定が望ましいのかということを説く理論であり，後者は，人間が実際にどのような意思決定をしているのかということを説明する理論である。しかし，リスク評価に基づく合意形成など，現実の意思決定問題においては，曖昧性や無知性などの不確実性のために，厳密な規範理論を打ち立てることもできないことがある。他方，記述理論のように，現象の記述だけを行うという態度では，社会的な問題をどう解決するのかが明らかにならないという問題がある。処方的アプローチは，規範理論から逸脱する不確実性を取り扱いつつ，記述のみにとどまらないという点で，これら既存の二理論の弱点を補うものであるといえよう。

また，人々のリスクに関する意思決定を支援するためにも，**リスクコミュニケーション**(risk communication)が用いられている。リスクコミュニケーションとは，リスク評価者，リスク管理者，消費者，事業者，研究者，その他の関係者の間で，情報および意見を相互に交換する行為を指す。つまり，消費者，事業者，行政担当者などの関係者の間で情報や意見をお互いに交換しようというものであり，関係者が会場などに集まって行う意見交換会，新たな規制の設定などの際に行う双方向的な意見聴取(パブリック・コメント)や，ホームページを通じた情報発信などの一方向的なものも広い意味でのリスクコミュニケーションに関する取組に含まれる。

人間は，限られた情報処理能力しかもたない中で，判断や意思決定をしなければならないが，近隣の人間関係に頼った判断と意思決定をすることが多い。他者の判断や意思決定に頼ることは，7章でも示した「同調」としても知られているが，リスクの社会的増幅を強化させたり，非合理的な世論を醸成する基盤となっているものの，情報処理の節約になり，ある程度の妥当性のある判断や意思決定がなされることになる。

そのような人間関係に頼った判断や意思決定の中でもっとも基本的な様式が，信頼できる相手の言うことに焦点化をした意思決定をするというものである。信頼に基づく判断と意思決定は，リスク事象に関わる判断においても頻繁に観察される。すなわち，行政や企業が信頼できるとコミュニケーション効果はでてくるだろうが，信頼できないと効果が期待できないのである。実際，ヨーロッパやアメリカでは1970年代の終わり以降，核廃棄物や焼却炉施設を設置する際にリスクコミュニケーションプログラムが数多く実施されたが，効果がなく，伝えられるメッセージ内容を云々する前にコミュニケーションする主体への信頼がなかったと考えられている(中谷内, 2003)。リスク認知の研究としても，「リスクマネジメントのプロセスやマネジメントする機関に対する信頼が人々のリスク認知を規定し，関係者間の合意形成を左右する」という観点からの研究が盛んになされた(吉川, 1999；木下, 2016)。

スロビック(2000)は，リスクや安全の問題に関する信頼の形成は困難だが信頼の崩壊はたやすいということを指摘してこれを非対称原理と呼んでいる。その原因として，①信頼を崩す出来事は目立ちやすく，その事象をレッテルづける決まった表現(虚偽の報告)があること，②信頼を崩す出来事は，単に目立ちやすいだけでなく，重み付けられやすい，③悪い情報は一般性が高いとみなされやすい，④不信は自己強化的機能をもつということを指摘している。近年の原子力発電所の事故，食品の汚染問題，自動車の欠陥事故，マンションの虚偽の構造計算による信頼の低下などは，非対称原理に従うと，容易に回復できないことが示唆される。このため，リスクに関するコミュニケーションを行う政府や自治体などの公共組織にとっては，一般市民からの信頼をどのようにして獲得できるのかということが大きな課題になっている。

まとめ

- 社会においては，人々はコミュニケーションを行っている。二者間の場合の相互作用でのコミュニケーションは双方向的なものであるが，三者間，四者間と成員の人数が増えるにしたがって，相互作用の組み合わせは飛躍的に増大して，コミュニケーションのあり方も飛躍的に複雑になる。
- コミュニケーションは，各人の利害が対立して互いが戦略的に振る舞うことを前提とするゲーム理論に仮定されるような状況では，戦略的に行われることがある。それにもかかわらず，互いのコミュニケーションは，信頼を高めて協力を引き出し，社会的ジレンマの出現をある程度抑制することにつながる。
- 社会におけるコミュニケーションでは，人々の間の所謂口コミだけでなく，マスコミと言われる新聞，雑誌，テレビなどによる大規模にわたる情報伝達や，インターネットなどの媒体による情報の伝達もある。マスコミによる影響に関して，オピニオン・リーダーからフォロワーへの二段階を経るというカッツとラザースフェルドによる二段階説がある。
- アイデアや技術などのイノベーションの普及過程については，ロジャーズ(Rogers, 1983)が，知識，態度，決定，実行，確信という意思決定過程があることを提案しており，また，早期に新しいイノベーションを取り入れる革新的採用者，初期少数採用者，前期多数採用者，後期多数採用者，最後にイノベーションや流行を取り入れる採用遅滞者など5つのグループの人々がいる。
- 社会におけるコミュニケーションでは，人々の間のコミュニケーションだけでなく，特に危険な事象についての政府，自治体，企業などの組織によるコミュニケーションも行われており，社会的意思決定に関わっている。リスクコミュニケーションとは，リスク評価者，リスク管理者，消費者，事業者，研究者，その他の関係者の間で，情報および意見を相互に交換する行為を指す。
- 人々の意思決定においては，確率判断の歪みやゼロリスクを求めるバイアスも存在している。また，そのコミュニケーションでは，「信頼」が重要な役割を担っており，信頼を失った組織からのコミュニケーションは効果を持たなくなるなどの問題がある。

より進んだ学習のための読書案内

ロジャーズ, E. M.／三浦利雄(訳)(2007).『イノベーションの普及(第5版)』翔泳社

☞新技術，新製品，新しいライフスタイルなどのイノベーションが，どのように伝播して普及していくかを解説したものである。著者によるとイノベーションは，人々に意思決定の選択肢を増やすことによって不確実性を増大させるとしている。今後の社会を考える上で，非常に示唆のある書物である。

木下冨雄(2016).『リスク・コミュニケーションの思想と技術—共考と信頼の技法』ナカニシヤ出版

☞日本のリスクコミュニケーションの創始者でもある著者が「共考と信頼」という視点から，リスコミュニケーションの技術とその背後にある思想にまで書いている。リスクコミュニケーションの実務の観点からも非常に参考になる本である。

山岸俊男(編著)(2014).『文化を実験する—社会行動の文化・制度的基盤(フロンティア実験社会科学シリーズ)』勁草書房

☞本章で取り扱った信頼の社会心理学的な研究のほかにも本章で扱わなかった文化の問題についても取り扱っている。文化の違いを生むのは個々人の心か，それとも人々が生きる環境かという「文化と心」の関係の解明を目指して，心理学と社会科学という異なる分野が行ってきた研究を紹介している。

課題・問題

1. 社会的ジレンマには，どのような具体例があるのかを日常の観察を基に考察してみよう。

2. ある流行現象を取り上げて，ロジャーズの普及過程のモデルから説明してみよう。

3. 食品に関する政府や自治体の具体的なリスクコミュニケーションを取り上げて，どのような点が効果的でどのような点が効果的でないかについて議論しよう。

引用文献

【1章の引用文献】

安倍淳吉(1956)．社会心理学　共立出版

Adorno, T. W., Frenkel-Brunswik, E., Levinson, D. J., & Sanford, R. N. (1950) *Authoritarian personality*. New York, NY: Harper.(田中義久・矢沢修二郎・小林修一(訳)(1980)．権威主義的　パーソナリティ　青木書店)

Allport, F. H. (1924). *Social psychology*. Houghton Mifflan.

Allport, G. W. (1935). Attitude. In Murchison, C. (Ed.) *Handbook of social psychology*. Clark Univ. Press. pp.797-844.

Allport, G. W. (1954). The historical background of modern social psychology. In Lindzey, G. (Ed.) *The handbook of social psychology*. Vol.1 Addison-Wesley.

Altman, I. & Taylor, D. (1973). *Social Penetration: The Development of Interpersonal Relationships*. Holt, Rinehart and Winston

アメリカ心理学会倫理綱領と行為規範(http://www.apa.org/Images/ethics/code/) (2010)．改訂版

Barkow, J., Cosmides, L., & Tooby, J. (Eds.) (1992). *The adapted mind: Evolutionary psychology and the generation of culture*. New York, NY: Oxford University Press.

Blumer, H. G. (1969). *Symbolic Interactionism: Perspective and Method*. Prentice-Hall.(後藤将之(訳)(1991)．シンボリック相互作用論　勁草書房)

Bogardus, E. S. (1925). Social distance and its origins. *Sociology and Social Research*, **9**, 216-225.

Bunge, C. (1903). *Principes de psychologie individuelle et sociale*. Paris: Alcan.

Carlson, R. (1984). What' social about social psychology? Where' s the person in personality research? *Journal of Personality and Social Psychology*, **47**, 1304-1309.

Cartwright, D. & Zander, A. (1954/1960). *Group Dynamics: Research and theory* 2nd ed. Harper & Row. (三隅二不二・佐々木薫(編訳)(1970)．グループ・ダイナミックス(第2版)　誠信書房)

Cronbach, L. J. (1957). The two disciplines of scientific psychology. *American Psychologist*, **12**(11), 671-684.

Deutsch, M. & Krauss, R. M. (1965). *Theories in Social Psychology*. Basic Books.

Fiske, S. T. & Taylor, S. E. (1984). *Social cognition*. Addison-Wesley.

Garfinkel, H. (1967). *Studies in Ethnomethodology*. Polity Press.

Gergen, K. J. (1973). Social psychology as history. *Journal of Personality and Social Psychology*, **26**(2), 309-320.

Gergen, K. J. (1982). *Toward Transformation in Social Knowledge*. Sage. (杉万俊夫・矢守克也・渥美公秀(監訳)(1998)．もう一つの社会心理学：社会行動学の転換に向けて　ナカニシヤ出版)

Goffman, E. (1959). *The Presentation of Self in Everyday Life*. Doubleday. (石黒　毅(訳)(1974)．行為と演技　誠信書房)

Heider, F. (1958). *The psychology of interpersonal relations*. Wiley. (大橋正夫(訳)(1978). 対人関係の心理学 誠信書房)

Hogg, M. A. & Vaughan, G. M. (2002). *Social psychology*. 3rd ed. Pearson Education.

細江達郎・大江篤志・堀毛一也・今城周造(1990). いんとろだくしょん社会心理学 新曜社

Jahoda, G. (2007). *A history of social psychology*. Cambridge Univ. Press.

Jaspers, J. & Fraser. C. (1984). Attitudes and social representations. In R. Farr & S. Moscovici (Eds.) *On social representations*. Cambridge University Press.

亀田達也・村田光二(2000). 複雑さに挑む社会心理学：適応エージェントとしての人間 有斐閣

唐沢かおり(編著)(2014). 新社会心理学：心と社会をつなぐ知の統合 北大路書房

Karph, F. B. (1932). *American social psychology*. McGraw-Hill. (大橋英寿(監訳)(1987). 社会心理学の源流と展開 勁草書房)

北山 忍(1997). 文化心理学とは何か 柏木恵子・北山 忍・東 洋(編) 文化心理学 東京大学出版会

Kruglanski, A. W. & Strobe, W. (2012). The making of social psychology. In Kruglanski, A. W. & Strobe, W. (Eds.) *Handbook of the History of Social Psychology*. Psychology Press

Lebon, G. (1895). *La psychologic des foules*. Universitaries de France. (桜井成夫(訳)(1993). 群衆心理 講談社学術文庫)

Lewin, K. (1951). *Field theory in social science*; selected theoretical papers. Cartwright, D. (Ed.) New York: Harper & Row.

Likert, R. (1932). A Technique for the Measurement of Attitudes. *Archives of Psychology*, **140**, 55.

Lindsmith, A. R., Strauss, A. L., & Denzin, N. K. (1968). *Social* psychology. 5th ed. Holt, Rinehart & Winston. (船津 衛(訳)(1981). 社会心理学—シンボリック相互作用論の展開 恒星社)

Lindzey, G. & Aronson, E. (1954/1968). *The handbook of social psychology*. 2nd ed. Addison-Wesley.

Markus, H. R. & Kitayama, S. (1991). Culture and the self: Implications for cognition, emotion, and motivation. *Psychological review*, **98**(2), 224-253.

McDugall, W. M. (1908). *An introduction to social psychology*. Methuen. (宮崎市八(訳)(1925). 社会心理学概論 アテネ書院)

McDugall, W. (1920). *The group mind*. GP Putnam's Son.

Merton, R. K. (1949). *Social Theory and Social Structure: Toward the Codification of Theory and Research*. Free Press. (森 東吾・森 好夫・金沢 実・中島竜太郎(訳)(1961). 社会理論と社会構造 みすず書房)

三井宏隆(1986). 「社会心理学の危機」を巡る論争について 実験社会心理学研究, **25**(2), 171-176

見田宗介(1965). 現代日本の精神構造 弘文堂

Moreno, J. L. (1934). *Who shall survive? A new approach to the problem of human interrelations*. Beacon House

Moscovici, S., Lage, E., & Naffrechoux, M. (1969). Influence of a consistent minority on

the responses of a majority in a color perception task. *Sociometry*, **32**, 365-380.
村本由紀子(2014). 文化. 唐沢かおり(編著)新社会心理学：心と社会をつなぐ知の統合 北大路書房
Murchison, C. (Ed.) (1935). *Handbook of social psychology*. Clark University Press.
日本心理学会倫理規定(www.psych.or.jp/publication/inst/rinri_kitei.pdf) (2009). 第3版
大橋英寿(1998). 沖縄シャーマニズムの社会心理学的研究 弘文堂
大橋英寿(編)(2002/2005). 社会心理学特論—人格・社会・文化のクロスロード 放送大学教育振興会
Oishi, S. (2010). The psychology of residential mobility: Implications for the self, social relationships, and well-being. *Perspectives on Psychological Science*, **5**(1) 5-21.
Oishi, S. (2014). Socioecological psychology. *Annual Review of Psychology*, **65**, 581-609.
Oishi, S. & Graham, J. (2010). Social ecology: Lost and found in psychological science. *Perspectives on Psychological Science*, **5**(4), 356-377
Orano, P. (1901). *Psicologia sociale*. Bari: Lacerta.
Persons, T. (1951). *The social system*. Free Press. (佐藤 勉(訳)(1974). 社会体系論 青木書店)
Ring, K. (1967). Experimental social psychology: Some sober questions about some frivolous values. *Journal of Experimental Social Psychology*, **3**, 113-123.
Ross, E. A. (1908). *Social psychology*. MacMillan. (高部勝太郎(訳)(1917). 社会心理学 磯部甲陽堂)
Shaw, M. E. & Constanzo, P. R. (1982). *Theories of Social Psychology*. 2nd ed. McGraw-Hill. (古畑和孝(監訳)(1984). 社会心理学の理論(I, II) サイエンス社)
Sherif, M. (1936). *The psychology of social norm*. Harper.
Tajifel, H. (1974). Social identity and intergroup behaviour. *Social Science Information*, **13**, 65-93.
竹村幸祐・結城雅樹(2014). 文化への社会生態学的アプローチ 山岸俊男(編著)文化を実験する：社会行動の文化・制度的基盤 勁草書房 pp.91-140.
Tarde, G. (1890). *Les lois de l'imitation: Etude sociologique*. (池田祥英・村澤真保呂(訳)(2007). 模倣の法則 河出書房新社)
Taylor, S. (1998). The social being in social psychology. In Gilbert, D. T., Fiske, S., & Lindzey, G. (Eds.) *The Handbook of Social Psychology*. 4th ed. McGraw-Hill. pp. 58-95.
Thomas, W. I. & Znaniecki, F. (1918-20). *The Polish peasant in Europe and America*. (桜井 厚(訳)(1983). 生活史の社会学—ヨーロッパとアメリカにおけるポーランド農民 御茶の水書房)
Thurstone, L. L. (1928). Attitude can be measured. *Journal of Sociology*, **33**, 529-554.
徳谷豊之助(1906). 社會心理学 誠之堂
Triplett, N. (1898). The dynamogenic factors in pacemaking and competition. *American Journal of Psychology*, **9**, 507-533.
Van Lange, P. A. M., Kruglanski, A. W., & Higgins, E. T. (Eds.) (2012). *Handbook of Theories of Social Psychology*. Sage.

山岸俊男(1998). 信頼の構造：こころと社会の進化ゲーム　東京大学出版会

Yuki, M. & Schug, J. (2012). Relational mobility: A socio-ecological approach to personal relationships. In O. Gillath, G. E. Adams, & A. D. Kunkel (Eds.), *Relationship science: Integrating evolutionary, neuroscience, and sociocultural approaches*. APA. pp.137-152.

【2章の引用文献】

安藤清志(1990). 自己の姿の表出　中村陽吉(編)　自己過程の社会心理学　東京大学出版会

安藤清志・押見輝男(編)(1998). 自己の社会心理　誠信書房

Aron, A. (2003). Self and close relationships. In Leary, M. R. & Tangney, J. P. (Eds.) *Handbook of Self and Identity*. Guilford Press. pp.442-461.

Aron, A., Aron, E. N., & Norman, C. (2001). Self expansion model of motivation and coginition in close relationships and beyond. In M. Clark & G. Fletcher (Eds.) *Blackwell's handbook of social psychology Vol 2: Interpersonal processes*. Blackwell. pp.478-501.

Aron, A., Aron, E. N., Tudor, M., & Nelson, G. (1991). Close relationships as including others in the self. *Journal of Personality and Social Psychology*, **60**, 241-253.

Baldwin, M. W. (2005). *Interpersonal cogniton*. Guilford.

Baumeister, R. F. (1998). The self. In Gilbert, D., Fiske, S. T. & Lindzey, G. *The handbook of social psychology*. 4th ed. Oxford U. P. pp.680-740.

Baumeister, R. F., Bratslavsky, E., Muraven, N. & Tice, D. M. (1998). Ego depletion: Is the acitve self a limited resource? *Journal of Personality and Social Psychology*, **74**, 1252-1265.

Baumeister, R. F. & Vohs, K. D. (2003). Self-regulation and the executive function of the self. In M. R. Leary & J. P. Tangney (Eds.) *Handbook of Self and Identity*. Guilford Press. pp.197-217.

Baumeister, R. F. & Vohs, K. D. (2007). Self-regulation, ego depletion, and motivation. *Social and Personality Psychology Compass*, **1**, 115-128.

Blumer, H. G. (1969). *Symbolic Interactionism: Perspective and Method*. Prentice-Hall.(後藤将之(訳)(1991). シンボリック相互作用論―パースペクティヴと方法　勁草書房)

Carpenter, S. L. (1988). Self-relevance and goal-directed processing in the recall and weighting of information about others. *Journal of Experimental Social Psychology*, **24**, 310-332

Carver, C. S. (1975). Physical aggression as a function of objective self-awareness and attitudes toward punishment. *Journal of Experimental Social Psychology*, **10**, 365-370.

Carver, C. S. (1979). A Cybernetic model of self-attention process. *Journal of Personality and Social Psychology*, **37**, 1251-1281.

Carver, C. S. (2003). Self-awareness. In M. R. Leary & J. P. Tangney (Eds.) *Handbook of Self and Identity*. Guilford Press. pp.179-196.

Carver, C. S. & Scheier, M. F. (1981). *Attention and self- regulation: A control- theory*

approach to human behavior. Springer-Verlag.
Carver, C. S. & Scheier, M. F. (1998). *On the self-regulation of behavior*. Cambridge Univ. Press.
Cooley, C. H. (1902). *Human nature and the social order*. Scribner's. (武津納(訳)(1921). 社會と我：人間性と社會秩序　日本評論社)
Donahue, E. M., Robins, R. W., Roberts, B. W., & John, O. P. (1993). The divided self: concurrent and longitudinal effects of psychological adjustment and social roles on self-concept differentiation. *Journal of Personality and Social Psychology*, **64** (5), 834-846.
Drigotas, S. M., Rusbult, C. E., Wieselquist, J., & Whitton, S. W. (1999). Close partner as sculptor of the ideal self: Behavioral affirmation and the Michelangelo phenomenon. *Journal of Personality and Social Psychology*, **77**, 293-323.
Duval, S. & Wicklund, R. A. (1972). *A theory of objective self-awareness*. Academic Press.
遠藤由美(1999).「自尊感情」を関係性からとらえ直す 実験社会心理学研究, **39**, 150-167.
Fenigstein, A., Scheier, M. F., & Buss, A. H. (1975). Public and private self-consciousness: Assessment and theory. *Journal of Consulting and Clinical Psychology*, **43**, 522-527.
Festinger, L. (1954). A theory of social comparison processes. *Human relations*, **7**(2), 117-140.
Goffman, E. (1959). *The presentation of self in everyday life*. Dubleday Anchor. (石黒 毅(訳)(1981). 行為と演技―日常生活における自己呈示　誠信書房)
Gollwitzer, P. M. (1993). Goal achievment: The role of intentions. *European Review of Social Psychology*, **4**, 141-183.
Gollwitzer, P. M. (1999). Implementation intentions: Strong effects of simple plan. *American Psychologist*, **54**, 493-503.
Gollwitzer, P. M. & Brandstatter, V. (1997). Implementation Intentions and Effective Goal Pursuit. *Journal of Personality and Social Psychology*, **73**(1), 186-199.
Greenwald, A. G. (1980). The Totalitarian Ego: Fabrication and Revision of Personal History. *American Psychologist*, **35**(7), 603-618.
Greenwald, A. G., & Banaji, M. R. (1989). The self as a memory system: Powerful, but ordinary. *Journal of Personality and Social Psychology*, **57**, 41-54.
林　文俊・堀内　孝(1997). 自己認知の複雑性に関する研究　心理学研究, **67**(6), 452-457.
Higgins, E. T. (1987). Self-discrepancy: A theory relating self and affect. *Psychological Review*, **106**, 766-794.
Higgins, E. T. (1997). Beyond pleasure and pain. *American Psychologist*, **52**(12), 1280-1300.
Higgins, E. T. (1998). Promotion and prevention: Regulatory focus as a motivational principle. In L. Berkowitz (Ed.) *Advance in experimental social psychology*. Academic Press. pp.1-46.
廣瀬清人・菱沼典子・印東桂子(2009). マズローの基本的欲求の階層図への原典から

の新解釈　聖路加看護大学紀要，**35**, 28-36.

James, W.（1890）. *The principle of psychology*. Vol.1. Henry Holt and Company.

Jones, E. E. & Pittman, T. S.（1982）. Toward a general theory of strategic self-presentation. In J. Suls（Ed.）*Psychological perspectives on the self*. Vol. 1. Erlbaum. pp.231-262.

Kuhn, M. H. & McPartland, T. S.（1954）. An empirical investigation of self attitude. *American Sociological Review*, **19**, 68-76.

Leary, M. R. & MacDonald, G.（2003）. Individual differences in self-esteem: A review and theoretical integration. In M. R. Leary & J. P. Tangney（Eds.）*Handbook of Self and Identity*. Guilford Press. pp.401-418.

Leary, M. R., Tambor, E. S., Terdal, S. K., & Downs, D. L.（1995）. Self-esteem as an interpersonal monitor: The sociometer hypothesis. *Journal of Personality & Social Psychology*, **68**, 3, 518-530.

Leary, M. R. & Tangney, J. P.（2003）. The self as an organizing consturuct in the behavioral and social sciences. In M. R. Leary & J. P. Tangney（Eds.）*Handbook of Self and Identity*. Guilford Press. pp.3-14.

Leary, M. R. & Terry, M. L.（2012）. Hypo-egoic mindsets: Antecedents and implications of quieting the self. In M. R. Leary & J. P. Tangney（Eds.）*Handbook of Self and Identity*. 2nd ed. Guilford Press. pp.268-288.

Linville, P. W.（1985）. Self-complexity and affective extremity: Don't put all your eggs in one cognitive basket. *Social Cognition*, **3**, 94-120.

Linville, P. W.（1987）. Self-complexity as a cognitive buffer against stress-related illness and depression. *Journal of Personality and Social Psychology*, **52**（4）, 663-676.

Lockwood, P., Jordan, C. H., & Kunda, Z.（2002）. Motivation by positive or negative role models: Regulatory focus determines who will best inspire us. *Journal of Personality and Social Psychology*, **83**, 854-864.

Markus, H.（1977）. Self-schemata and processing information about the self. *Journal of Personality and Social Psychology*, **35**（2）, 63-78.

Markus, H. & Wurf, E.（1987）. The dynamic self-concept: A social psychological perspective. *Annual Review of Psychology*, 299-337.

Maslow, A. H.（1954）. *Motivation and peronality*. Harper & Row.

McAdams, D.（2009）. *The person: An Introduction to the Science of Personality Psychology*. 5th ed. Wiley.

Mead, G. H.（1934）. *Mind, self and society*. Univ. of Chicago Press.（稲葉三千男・滝沢正樹・中野 収（訳）（1973）．精神・自我・社会　青木書店）

Mischel, W.（1968）. *Personality and assessment*. Wiley.（詫摩武俊（監訳）（1992）．パーソナリティの理論―状況主義的アプローチ　誠信書房）

Mischel, W.（2014）. *The Marshmallow Test: Mastering Self-Control*. Little, Brown and Company.（柴田裕之（訳）（2015）．マシュマロ・テスト：成功する子・しない子　早川書房）

Mischel, W., Ebbesen, E. B., & Raskoff Z. A.（1972）. Cognitive and attentional mechanisms in delay of gratification. *Journal of Personality and Social*

Psychology, **21**(2), 204-218.

Mishcel, W. & Morf, C. C. (2003). The self as psycho-social dynamic processing system: A meta-perspective on a century of the self in psychology. In M. R. Leary & J. P. Tangney (Eds.) *Handbook of Self and Identity*. Guilford Press. pp.15-43.

中村陽吉(編)(1990).「自己過程」の社会心理学　東京大学出版会

中村陽吉(2006).新心理学的社会心理学—社会心理学の 100 年　ブレーン出版

押見輝男(1990).自己の姿への注目　中村陽吉(編)　自己過程の社会心理学　東京大学出版会

押見輝男(1992).自分を見つめる自分—自己フォーカスの社会心理学　サイエンス社

押見輝男・渡辺浪二・石川直弘(1985).自己意識尺度の検討　立教大学心理学科研究年報, **28**, 1-15.

尾崎由佳・唐沢かおり(2011).自己に対する評価と接近回避志向の関係性—制御焦点理論に基づく検討　心理学研究, **82**, 450-458.

Pelham, B. W. & Swann, W. B. Jr. (1989). From self-conceptions to self-worth: On the sources and structure of global self-esteem. *Journal of Personality and Social Psychology*, **57**, 672-680

Pennebaker, J. W. (1997). Writing about emotional experiences as a therapeutic process. *Psycholgical Science*, **8**, 162-166.

Rogers, C. (1951). *Client-centered therapy: Its current practice, implications and theory*. Constable. (保坂　亨・末武康弘・諸富祥彦(訳)(2005).クライエント中心療法　岩崎学術出版社)

Rogers, T. B., Kuiper, N. A., & Kirker, W. S. (1977). Self-reference and the encoding of personal information. *Journal of Personality and Social Psychology*, **35**, 677-688.

Rosenberg, M. (1965). Society and the adlescent self-image. Prinston Univ. Press.

Schelenker, B. R. (2003). Self-presentation. In M. R. Leary & J. P. Tangney (Eds.) *Handbook of Self and Identity*. Guilford Press. pp.492-518.

Sedikides, C. & Brewer, M. B. (Eds.) (2001). *Individual self, relational self, and collective self*. Psychology Press.

Sedikides, C. & Skowronski, J. J. (2003). Evolution of the symbolic self: Issuesand prospects. In M. R. Leary & J. P. Tangney (Eds.) *Handbook of Self and Identity*. Guilford Press. pp.594-609.

Shoda, Y., Mischel, W., & Peake, P. K. (1990). Predicting Adolescent Cognitive and Self-Regulatory Competencies from Preschool Delay of Gratification: Identifying Diagnostic Conditions. *Developmental Psychology*, **26**(6), 978-986.

Showers, C. (1992). Compartmentalization of positive and negative self-knowledge: Keeping bad apples out of the bunch. *Journal of Personality and Social Psychology*, **62**(6), 1036-1049.

Shrauger, J. S. & Schoeneman, T. J. (1979). Symbolic interactionist view of self-concep: Through the looking glass darkly. *Psychological Bulletin*, **86**(3), 549-573.

Swann, W. B. Jr. (1983). Self-verification: Bringing social reality into harmony with the self. In J. Suls & A. G. Greenwald (Eds.) *Psychological perspectives on the self*. Vol.2. pp.33-66.

Swann, W. B. Jr., Rentfrow, P. J., & Guinn, G. S. (2003). self-verification: The search for coherence. In M. R. Leary & J. P. Tangney (Eds.) *Handbook of Self and Identity*. Guilford Press. pp.367-383.

高田利武(1992). 他者と比べる自分―社会的比較の心理学 サイエンス社

Taylor, S. E. & Brown, J. D. (1988). Illusion and well-being: A social psychological perspective on mental health. *Psychological Bulletin*, **103**, 193-210.

Tesser, A. (1988). Toward a self-evaluation maintenance model of social behavior. In Berkowitz, L. (Ed.) *Advance in experimental social psychology*. Academic Press. pp.181-227.

Tice, D. M. & Wallace, H. M. (2003). The reflected self: Creating yourself as (you think) others see you. In M. R. Leary & J. P. Tangney (Eds.) *Handbook of Self and Identity*. Guilford Press. pp.91-105.

都筑 学・白井利明(2007). 時間的展望研究ガイドブック ナカニシヤ出版

Turner, J. C. (1987). Rediscovering the social group. A self-categorization theory. Blackwell. (蘭 千壽・内藤哲雄・磯崎三喜年・遠藤由美(訳)(1995). 社会集団の再発見―自己カテゴリー化理論 誠信書房)

Vohs, K. D. & Baumeister, R. F. (2004). Understanding self-regulation: An introduction. In Vohs, K. D., & Baumeister, R. F. *Handbook of self-regulation: Research, theory, and applications*. Guilford. pp.1-9.

Wicklund, R. A. (1975). Objective self-awareness. In L. Berkowitz (Ed.) *Advance in experimental social psychology*. Academic Press. pp.233-275.

Wicklund, R. A. & Duval, S. (1971). Opinion change and performance facilitation as a result of objective self-awareness. *Journal of Experimental Social Psychology*, **7**, 319-342.

【3章の引用文献】

Andersen, S. M., Moskowitz, D. B., Blair, I. V., & Nosek, B. A. (2007). Automatic thought. In Higgins, E. T. & Kruglanski, A. W. (Eds.) *Social psychology: Handbook of basic principles*. 2nd ed. Guilford. pp.133-172.

Anderson, N. H. (1965). Averaging versus adding as stimulus-combination rule in impression formation. *Jorunal of Experimental Psychology*, **70**(4), 394-400.

Asch, S. E. (1946). Forming impressions of personality. *Journal of Abnormal and Social Psychology*, **41**(3), 258-290.

Ashton, M. C. & Lee, K. (2007). Empirical, theoretical, and practical advantages of the HEXACO model of personality structure. *Personality and Social Psychology Review*, **11**(2), 150-166.

Bieri, J. (1955). Cognitive complexity-simplicity and predictive behavior. *Journal of Abnormal and Social Psychology*, **51**(2), 263-268.

Brewer, M. B. (1988). A dual process model of impression formation. In T. K. Srull & R. S. Jr. Wyer (Eds.) *Advance in social cognition*. Vol. 1. Laurence Erlbaum Associates. pp.1-36.

Cohen, C. E. (1981). Person categories and social perception: Testing some boundaries of the processing effect of prior knowledge. *Journal of Personality and Social*

Psychology, **40**(3), 441-452.

Costa, P T. & McCrae, R. (1992). *NEO PI-R professional manual*. Psychological Assessment Resources, Inc.

Cronbach, L. J. (1955). Processes affecting scores on "understanding of others" and "assumed similarity." *Psychological Bulletin*, **52**(3), 177-193.

Darwin, C. (1872). *Expression of the emotions in man and animals*. John Murray. (浜中浜太郎(訳)(1991). 人および動物の表情について　岩波文庫)

De Raad, B. & Perugini, M. (2002). *Big Five assessment*. Hogrefe & Huber.

Devine, P. G. (1989). Stereotypes and prejudice: Their automatic and controlled components. *Journal of Personality and Social Psychology*, **56**(1), 5-18.

Devine, P. G., Hamiltpn, D. L., & Ostrom, T. M. (1994). *Social Cognition: Impact on Social Psychology*. Academic Press.

FFPQ 研究会(1998). FFPQ(５因子性格検査)　北大路書房

Fiske, S. & Neuberg, S. (1990). A continuum of impression formation from category-based to individuating processes: Influences of information and motivation on attention and interpretation. In M. Zanna (Ed.) *Advances in Experimental Social Psychology*. Vol.23. Academic Press. pp.1-74.

Fiske, S. T. & Taylor, S. E. (1984). *Social cognition*. Addison-Wesley.

Fiske, S. T. & Taylor, S. E. (2008). *Social cogniton: From brains to culture*. McGraw-Hill. (宮本聡介・唐沢　穣・小林知博・原奈津子(編訳)(2013). 社会的認知研究―脳から文化まで　北大路書房)

Gilbert, D. T., Pelham, B. W., & Krull, D. S. (1998). On cognitive busyness: When person perceivers meet persons perceived. *Journal of Personality and Social Psychology*, **54**(5), 733-740.

Goldberg, L. R. (1981). Language and individual differences: The search for universals in personality lexicon. In L. Wheeler (Ed.) *Review of Personality and Social Psychology*, vol.2. pp141-165.

Greenwald, A. G., McGhee, G. E., & Schwartz, J. L. K. (1998). Measuring Individual Differences in Implicit Cognition: The Implicit Association Test. *Journal of Personality and Soclal Psychology* **74**(6), 1464-1480.

林　文俊(1978). 対人認知構造の基本次元についての一考察　名古屋大学教育学部紀要(教育心理学科)　**25**, 233-247.

Heider, F. (1958). *The psychology of interpersonal relations*. Psychology Press. (大橋正夫(訳)(1978). 対人関係の心理学　誠信書房)

Higgins. E. T. (1996). Knowledge activation: Accessibility, applicability, and salience. In E. T. Higgins & A. W. Kruglanski (Eds.) *Social psychology: Handbook of basic principles*. Guilford Press. pp.133-168.

Higgins, E. T., Rholes, W. S. & Jones, C. R. (1977). Category accessibility and impression formation. *Jorunal of Experimental Social Psychology*, **13**(2), 141-154.

堀毛一也(2009). 認知・感情・動機とパーソナリティ　榎本博明・安藤寿康・堀毛一也　パーソナリティ心理学―人間科学，自然科学，社会科学のクロスロード　有斐閣アルマ　pp.183-206.

Jones, E. E. (1979). The rocky road from acts to dispositions. *American Psychologist*, **34**(2),107–117.

Jones, E, E. & Davis, K. E. (1965). From acts to dispositions: The Attribution Process In Person Perception. In L. Berkowitz (Ed.) *Adavance in experimental social psychology*. Vol.2. Academic Press. pp.219–266.

Jones, E, E. & Nisbett, R. E. (1972). The actor and the observer: Divergent perceptions of the cause of behavior. In Jones, E. E., Kanouse, D. E., Kelley, H. H., Nisbett, R. E., Valins, S., & Weiner, B. *Attribution: Perceiving the Causes of Behavior*. General Learning Press.

Kahneman, D. (2011). *Thinking, fast and slow*. McMillan. (村井章子(2014). ファスト＆スロー：あなたの意思はどのように決まるか　ハヤカワ・ノンフィクション文庫)

Kelley, H. H. (1950). The warm–cold variable in first impressions of persons. *Journal of Personality*, **18**(4), 431–439.

Kelley, H. H. (1967). Attribution theory in social psychology. In D. Levine (Ed.) *Nebraska Symposium on Motivation*. Vol. 15. Univ. of Nebraska Press. pp. 192–238.

Kelley, H. H. (1972). Causal schemata and the attribution process. In Jones, E. E., Kanouse, D. E., Kelley, H. H., Nisbett, R. E., Valins, S., & Weiner, B. *Attribution: Perceiving the Causes of Behavior*. General Learning Press.

Kelly, G. A. (1955). *The psychology of personal consturcts*. Vol.1, 2. Norton. (辻平治郎(訳)(2016). パーソナル・コンストラクトの心理学(第1巻)：理論とパーソナリティ　北大路書房)

北山　忍(1997). 文化心理学とは何か　柏木恵子・北山 忍・東 洋(編)　文化心理学　東京大学出版会

Kitayama, S., Duffy, S., Kawamura, T., & Larsen, J. T. (2003). Perceiving an object and its context in differents cultures: A cultural look at new look. *Psychological Sience*, **14**, 201-206.

McArthur, L. A. (1972). The how and what of why: Some determinant and consequences of causal attribution. *Journal of Personality and Social Psychology*, **22**(2), 171–193.

Markus, H. R. (1977). Self–schmata and processing information about the self. *Journal of Personality and Social Psychology*, **35**(2), 63–78.

Markus, H. R. & Kitayama, S. (1991). Culture and the Self: Implications for Cognition, Emotion, and Motivation. *Psychological Review*, **98**(2), 224–253.

増田貴彦・山岸俊男(2010). 文化心理学(上・下)：心がつくる文化, 文化がつくる心　培風館

Miyamoto, Y. & Kitayama, S. (2002). Cultural variation in correspondence bias: The critical role of attitude diagnosticity of socially constrained behavior. *Journal of Personality and Social Psychology*, **83**(5), 1239–1248.

Nisbett, R. E. (2003). *The geography of thought: How Asians and Westerners think differently—and why*. Free Press. (村本由紀子(訳)(2004). 木をみる西洋人, 森を見る東洋人：思考の違いはいかにして生まれるか　ダイヤモンド社)

Norman, W. T. (1963). Toward an adequate taxonomy of personality attributes: Replicated factor structure in peer nomination personality ratings. *Journal of Abnormal and Social Psychology*, **66**(6), 574-583.

Rosenberg, S. & Jones, R. (1972). A method for investigating and representing a person's implicit theory of personality: Theodore Dreiser's view of people. *Journal of Personality and Social Psychology*, **22**(3), 372-386.

Rosenberg, S. & Sedlak, A. (1972). Structural representations of implicit personality theory. In L. Berkowitz (Ed.) *Advances in experimental social psychology*. Vol.6. pp.235-297.

Ross, L. (1977). The intuitive psychologist and his shortcomings: Distortions in the attribution process. In L. Berkowitz (Ed.) *Adavance in experimental social psychology*. Vol.10. pp.173-220.

Sherman, S. J., Judd, C. M., & Park, B. (1989). Social Cognition. *Annual Review of Psychology*, **40**, 281-326.

下斗米淳(1992). 親しくなる　松井豊(編)対人心理学の最前線　サイエンス社

潮村公弘(2016). 自分の中の隠された心—非意識的態度の社会心理学　サイエンス社

Taylor, S. R. & Fiske, S. T. (1975). Point of view and perceptions of causality. *Journal of Personality and Social Psychology*, **32**(3), 439-445.

植村善太郎(2000). 社会を知る　小林　裕・飛田　操(編)【教科書】社会心理学　北大路書房

【4章の引用文献】

Adams, J. S. (1965). Inequity in social exchange. In L. Berkowitz (Ed.) *Advances in Experimental Social Psychology*. Vol. 2. New York, NY: Academic Press. pp. 267-299.

相川　充(1991). 特性シャイネス尺度の作成および信頼性と妥当性の検討に関する研究　心理学研究, **62**, 149-155.

Argyle, M. & Henderson, M. (1985). *The anatomy of relationships: And the rules and skills needed to manage them successfully*. Harmondsworth, London: Penguin books.(吉森　護(編訳)(1992). 人間関係のルールとスキル　北大路書房)

Atkinson, J. W., Heyns, R. W., & Veroff, J. (1954). The effect of experimental arousal of the affiliation motive on thematic apperception. *Journal of Abnormal and Social Psychology*, **49**, 405-410.

Baumeister, R. F. & Leary, M. R. (1995). The need to belong: Desire for interpersonal attachments as a fundamental human motivation. *Psychological Bulletin*, **117**, 497-529.

Bertholomew, K. & Horowitz, L. M. (1991). Attachment styles among young adults: A test of a four-category model. *Journal of Personality and Social Psychology*, **61**(2), 226-244.

Bolger, N., Delongis, A., Kessler, R. C., & Schilling, E. A. (1989). Effects of daily stress on negative mood. *Journal of Personality and Social Psychology*, **57**, 808-818.

Bowlby, J. (1969). *Attachment: Attachment and loss*. Vol.1. Basic Books.

Bradbury, T. N. & Fincham, F. D. (1989). Attributions and behavior in marital interaction. *Journal of Personality and Social Psychology*, **63**(4), 613-628.

Brennan, K. A., Clark, C. L., & Shaver, P. R. (1998). Self-report measurement of adult romantic attachment: An integrative overview. In J. A. Simpson & W. S. Rholes, (Eds.) *Attachment theory and close relationships*. Guilford Press. pp.46-76.

Buss, A. H. (1980). *Social behavior and personality*. New York, NY: Lawrence Erlbaum Associates.(大渕憲一(監訳)(1991). 対人行動とパーソナリティ 北大路書房)

Buss, D. M. (1994). *The evolution of desire: Strategies of human mating*. Basic Books.

Byrne, D. & Nelson, D. (1965). Attraction as a linear function of proportion of positive reinforcements. *Journal of Personality and Social Psychology*, **1**(6), 659-663.

Cheek, J. M. & Buss, A. H. (1981). Shyness and sociability. *Journal of Personality and Social Psychology*, **41**, 330-339.

Cunningham, M. R. (1986). Measuring the physical in physical attractiveness: Quasi-experiments on the sociobiology of female facial beauty. *Journal of Personality and Social Psychology*, **50**(5), 925-935.

大坊郁夫(1992). 対人的相互作用 大坊郁夫・安藤清志(編) 社会の中の人間理解 —社会心理学への招待— ナカニシヤ出版 pp.99-114.

Feeney, J. A. & Noller, P. (1990). Attachment style as a predictor of adult romantic relationships. *Journal of Personality and Social Psychology*, **58**(2), 281-291.

福岡欣治(2010). ソーシャル・サポート 相川 充・高井次郎(編著) コミュニケーションと対人関係 誠信書房 pp.190-200.

Gottman, J. M. (1994). *What predicts divorce?: The relationship between marital processes and marital outcomes*. LEA.

Gottman, J. M. (1996). *What predicts divorce?: The measures*. LEA.

Gottman, J. M., Coan, J., Carrere, S., & Swanson, C. (1998). Predicting marital happiness and stability from newlywed interactions. *Journal of Marriage and the Family*, **60**(1), 5-22.

橋本 剛(1995). ストレッサーとしての対人葛藤—ストレス低減方略への展望— 実験社会心理学研究, **35**, 185-193.

橋本 剛(1997). 大学生における対人ストレスイベント分類の試み 社会心理学研究, **13**, 64-75.

橋本 剛(2005a). ストレスと対人関係 ナカニシヤ出版

橋本 剛(2005b). 対人ストレッサー尺度の開発 静岡大学人文学部人文論集, **56**, 45-71.

Hatfield, E. (1988). Passionate and companionate love. In R. J. Sternberg & M. R. Barnes (Eds.) *The psychology of love*. Yale University Press. pp.191-217.

Hazan,C. & Shever, P. (1987). Romantic love conceptualized as an attachment process. *Journal of Personality and Social Psychology*, **52**(3), 511-524.

Hendrick, C. & Hendrick, S. (1986). A theory and method of love. *Journal of Personality and Social Psychology*, **50**(2), 392-402.

Hinde, R. A. (1979). *Towards understanding relationships*. Academic Press.

堀毛一也(2010). ポジティブ心理学の展開—強みとは何か，それをどう育てるか 現代のエスプリ，512.
池上知子・遠藤由美(2008). グラフィック社会心理学(第2版) サイエンス社
石田靖彦(1998). 友人関係の親密化に及ぼすシャイネスの影響と孤独感 社会心理学研究，**14**, 43-52.
金政祐司(2003). 成人の愛着スタイル研究の概観と今後の展望—現在，成人の愛着スタイル研究が内包する問題とは— 対人社会心理学研究，**3**, 73-84.
Kelley, H. H., Berscheid, E., Christensen, A., Harvey, J. H., Huston, T. L., Levinger, G., McClintock, E., Peplau, L. A., & Peterson, D. R. (1983). *Close Relationships*. W. H. Freeman.
栗林克匡・相川 充(1995). シャイネスが対人認知に及ぼす効果 実験社会心理学研究，**35**, 49-56.
Langlois, J. H., Kalakanis, L., Rubenstein, L. J., Larson, A., Hallam, M., & Smoot, M. (2000). Maxims or myths of beauty? A meta-analytic and theoretical review. *Psychological Bulletin*, **126**(3), 390-423.
Leary, M. R. (1986). Affective and behavioral components of shyness: Implications for theory, measurement, and research. In W. H. Jones, J. M. Cheek & S. R. Briggs (Eds.) *Shyness: Perspectives on research and treatment*. New York, NY: Plenum Press. pp.27-38.
Leary, M. R. & Baumeister, R. F. (2000). The nature and function of self-esteem: Sociometer theory. In M. P. Zanna (Ed.) *Advances in Experimental Social Psychology*. Vol.32. New York, NY: Academic Press. pp.1-62.
Lee, J. A. (1973). *The colors of love: An exploration of the ways of loving*. New Press.
Levinger, G. (1976). A social psychological perspective on marital dissolution. *Journal of Social Issues*, **32**, 21-47.
Maslow, A. H. (1954). *Motivation and personality*. New York, NY: Harper & Row.
松井 豊(1993). 恋ごころの科学 サイエンス社
松井 豊・木賊知美・立澤晴美・大久保宏美・大前晴美・岡村美樹・米田佳美(1990). 青年の恋愛に関する測定尺度の構成 東京都立立川短期大学紀要，**23**, 13-23.
松島るみ(1999). シャイネスに関する研究の動向と今後の課題 応用教育心理学研究，**16**, 47-53.
松島るみ・塩見邦雄(2000). シャイネスと社会的スキルの関連が自己開示に及ぼす影響 教育実践学研究，**2**, 11-19.
Murray, H. A. (1938). *Explorations in personality: A clinical and experimental study of fifty men of college age*. Oxford, UK: Oxford Univ. Press.
Murray, S. L. & Holmes, J. G. (1997). A Leap of Faith? Positive Illusions in Romantic Relationships. *Personality and Social Psychology Bulltin*, **23**(6), 586-604.
Murray, S. L., Holmes, J. G., & Griffin, D. W. (1996a). The benefits of positive illusions: Idealization and the construction of satisfaction in close relationships. *Journal of Personality and Social Psychology*, **70**(1), 79-98.
Murray, S. L., Holmes, J. G., & Griffin, D. W. (1996b). The self-fulfilling nature of positive illusions in romantic relationships: Love is not blind, but prescient. *Journal of Personality and Social Psychology*, **71**(6), 1155-1180.

Murstein, B. I. (1970). Stimulus-value-role: A theory of marital choice. *Journal of Marriage and the Family*, **32**, 465-481.

Noller, P. (1984). *Nonverbal communication and marital interaction*. Oxford, UK: Pergamon Press.

Pilkonis, P. A. (1977). The behavioral consequences of shyness. *Journal of Personality*, **45**, 596-611.

Rubin, Z. (1970). Measurement of romantic love. *Journal of Personality and Social Psychology*, **16**(2), 265-273.

Rusbult, C. E. (1987). Responses to dissatisfaction in close relationships: The exit-voice-loyalty-neglect mode. In D. Perlman & S. Duck (Eds.) *Intimate relationships: Development, dynamics, and deterioration*. CA: Sage. pp. 209-237.

Rusbult, C. E., Johnson, D. J., & Morrow, G. D. (1986). Impact of couple patterns of problem solving on distress and nondistress in dating relationships. *Journal of Personality and Social Psychology*, **50**, 744-753.

Schachter, S. (1959). *The psychology of affiliation: Experimental studies of the sources of gregariousness*. Stanford, CA: Stanford University Press.

Schlenker, B. R. & Leary, M. R. (1982). Social anxiety and self-presentation: A conceptualization and model. *Psychological Bulletin*, **92**, 641-669.

Shaver, P. R. & Mikulincer, M. (2002). Attachment-related psychodynamics. *Attachment and Human Development*, **4**(2), 133-161.

Souma, T., Ura, M., Isobe, C., Hasegawa, K., & Morita, A. (2008). How do shy people expand their social networks?: Using social surrogates as a strategy to expand one's network. *Asian Journal of Social Psychology*, **11**, 67-74.

相馬敏彦・山内隆久・浦　光博(2003). 恋愛・結婚関係における排他性がそのパートナーとの葛藤時の対処行動選択に与える影響　実験社会心理学研究, **43**, 75-84.

Sternberg, R. J. (1986). A triangular theory of love. *Psychological Review*, **93**(2), 119-135.

Sternberg, R. J. (1997). Construct validation of a triangular love scale. *European Journal of Social Psychology*, **27**(3), 313-335.

Sternberg, R. J. (1998). *Love is a story: A new theory of relationships*. Oxford Univ. Press.

Taylor, S. E. (1989). *Positive illusions*. Basic Books. (宮崎茂子(訳)(1998). それでも人は，楽天的な方がいい―ポジティブ・マインドと自己説得の心理学―　日本教文社)

Taylor, S. E. & Brown, J. (1988). Illusion and well-being: A social psychological perspective on mental health. *Psychological Bulletin*, **103**(2), 193-210.

Thibaut, J. W. & Kelley, H. H. (1959). *The social psychology of groups*. New York, NY: Wiley & Sons.

浦　光博(1992). 支えあう人と人―ソーシャル・サポートの社会心理学―　サイエンス社

Van Lange, P. A. M. & Rusbult, C. E. (1995). My relationship is better than- and not as bad as- yours is: The perception of superiority in close relationships. *Personality*

and Social Psychology Bulletin, **21**(1), 32-44.
Walster, E., Aronson, V., Abrahams, D., & Rottman, L (1966). Importance of physical attractiveness in dating behavior. *Journal of Personality and Social Psychology*, **4**(5), 508-516.
Walster, E., Berscheid, E., & Walster, G. W. (1973). New directions in equity research. *Journal of Personality and Social Psychology*, **25**, 151-176.

【5章の引用文献】

相川　充(2009). 新版 人づきあいの技術―ソーシャルスキルの心理学― サイエンス社
相川　充(2013). 人間関係のスキルとトレーニング　上野徳美・岡本祐子・相川　充(編著) 人間関係を支える心理学―心の理解と援助―　北大路書房　pp.175-188.
相川　充・藤田正美(2005). 成人用ソーシャルスキル自己評定尺度の構成　東京学芸大学紀要第1部門　教育科学, **56**, 87-93.
Altman, I. (1973). Reciprocity of interpersonal exchange. *Journal for the Theory of Social Behavior*, **3**, 249-261.
Altman, I. & Taylor, D. A. (1973). *Social penetration: The development of interpersonal relationships*. New York, NY: Holt, Rinehart & Winston.
Argyle, M. & Cook, M. (1976). *Gaze and mutual gaze*. New York, NY: Cambridge University Press.
Argyle, M. & Dean, J. (1965). Eye-contact, distance and affiliation. *Sociometry*, **28**, 289-304.
浅井正昭・大竹　徹・真鍋信誠(1982). 映像コミュニケーション過程に関する実験心理学研究―第一報―　映像学, **25**, 2-7, 10.
Berlo, D. K. (1960). *The process of communication: An introduction to theory and practice*. New York, NY: Holt, Rinehart & Winston.
Birdwhistell, R. L. (1955). Background to kinesics. *ETC: A Review of General Semantics*, **13**, 10-18.
Burgoon, J. K. (1994). Nonverbal signals. In M. L. Knapp & G. R. Miller (Eds.) *Handbook of interpersonal communication*. Thousand Oaks, CA: Sage. pp.229-285.
大坊郁夫(1982). 二者間相互作用における発言と視線パターンの時系列的構造　実験社会心理学研究, **22**, 11-26.
Daibo, I. (1982). The role of anxiety trait and communication medium in dyadic conversation. In H. Hiebsch (Ed.) *Social psychology: XXIInd international congress of psychology selected revised papers*. Amsterdam: North-Holland. pp. 188-194.
大坊郁夫(1986). 対人行動としてのコミュニケーション　対人行動学研究会(編) 対人行動の心理学　誠信書房　pp.193-224.
大坊郁夫(1991). 非言語的表出性の測定：ACT 尺度の構成　北星学園大学文学部北星論集, **28**, 1-12.
大坊郁夫(1998). しぐさのコミュニケーション―人は親しみをどう伝えあうか―　サイエンス社

大坊郁夫(2001). 対人コミュニケーションの社会性 対人社会心理学研究, **1**, 1-16.
大坊郁夫・磯 友輝子(2009). 対人コミュニケーション研究への科学的アプローチ 大坊郁夫・永瀬治郎(編) 講座 社会言語科学3—関係とコミュニケーション— ひつじ書房 pp.2-35.
Derlega, V. J., Wilson, M., & Chaikin, A. L. (1976). Friendship and disclosure reciprocity. *Journal of Personality and Social psychology*, **34**, 578-582.
Friedman, H. S., Prince, L. M., Riggio, R. E., & DiMatteo, M. R. (1980). Understanding and assessing nonverbal expressiveness: The affective communication test. *Journal of Personality and Social Psychology*, **39**, 333-351.
藤本 学・大坊郁夫(2007). コミュニケーションスキルに関する諸因子の階層構造への統合の試み パーソナリティ研究, **15**, 347-361.
深田博己(1998). インターパーソナル・コミュニケーション—対人コミュニケーションの心理学— 北大路書房
橋本満弘(1993). 非言語コミュニケーションの概念と特徴 橋本満弘・石井 敏(編著) コミュニケーション論入門 桐原書店 pp.168-193.
Hecht, M. L., DeVito, J. A., & Guerrero, L. K. (1999). Perspectives on nonverbal communication codes, functions, and contexts. In L. K. Guerrero, J. A. DeVito, & M. L. Hecht (Eds.) *The nonverbal communication reader*. Illinois: Waveland Press. pp. 3-18.
堀毛一也(1994). 恋愛関係の発展・崩壊と社会的スキル 実験社会心理学研究, **34**, 116-128.
飯塚雄一(1990). 対人コミュニケーションの過程 大坊郁夫・安藤清志・池田謙一(編) 社会心理学パースペクティブ2—人と人とを結ぶとき— 誠信書房 pp. 18-38.
川上善郎(2004). おしゃべりで世界が変わる 北大路書房
榧野 潤(1988). 社会的技能研究の統合的アプローチ(1)—SSIの信頼性と妥当性の検討— 関西大学大学院人間科学, **31**, 1-16.
Kendon, A. (1967). Some functions of gaze direction in social interaction. *British Journal of Psychology*, **60**, 481-494.
菊池章夫(1988). 思いやりを科学する—向社会的行動の心理とスキル— 川島書店
Matarazzo, J. D., Weitman, M., Saslow, G., & Wiens, A. N. (1963). Interviewer influence on durations of interviewee speech. *Journal of Verbal Learning and Verbal Behavior*, **1**, 451-458.
Matarazzo, J. D. & Wiens, A. N. (1972). *The interview: Research on its anatomy and structure*. Chicago: Aldine・Atherton.
Maurer, R. E. & Tindall, J. F. (1983). Effect of postural congruence on client's perception of counselor empathy. *Journal of Counseling Psychology*, **30**, 158-163.
Mehrabian, A. & Wiener, M. (1967). Decoding of inconsistent communications. *Journal of Personality and Social Psychology*, **6**, 109-114.
Miller, L. C., Berg, J. H., & Archer, R. L. (1983). Openers: Individuals who elicit intimate self-disclosure. *Journal of Personality and Social Psychology*, **44**, 1234-1244.
成毛信男(1993). 言語コミュニケーションの概念と特徴 橋本満弘・石井 敏(編著)

コミュニケーション論入門　桐原書店　pp.126-167.

Newcomb, T. M., Turner, R. H., & Converse, P. E.（1965）. *Social psychology: The study of human interaction*. New York, NY: Holt, Rinehart & Winston.（古畑和孝（訳）（1973）．社会心理学—人間の相互作用の研究—　岩波書店）

日本経済団体連合会（2016）．2015 年度新卒採用に関するアンケート調査結果　一般社団法人日本経済団体連合会　2016 年 2 月 16 日　< http://www.keidanren.or.jp/policy/2016/012.html >（2016 年 11 月 14 日）

小口孝司（1990）．聞き手の"聞き上手さ"・"口の軽さ"が開示者の好意・開示に及ぼす効果　心理学研究，**61**, 147-154.

岡部朗一（1996）．コミュニケーションの基礎概念　古田　暁（監修）異文化コミュニケーション—新・国際人の条件—　有斐閣　pp.15-38.

Patterson, M. L.（1983）. *Nonverbal behavior: A functional perspective*. New York, NY: Springer-Verlag.（工藤　力（監訳）（1995）．非言語コミュニケーションの基礎理論　誠信書房）

Richmond, V. P. & McCroskey, J. C.（2004）. *Nonverbal behavior in interpersonal relations*. 5th ed. Boston, MA: Allyn & Bacon.（山下耕二（編訳）（2006）．非言語行動の心理学—対人関係とコミュニケーション理解のために—　北大路書房）

Rosenthal, R., Hall, J. A., DiMatteo, M. R., Rogers, P. L., & Archer, D.（1979）. *Sensitivity to nonverbal communication: The PONS test*. Baltimore, MD: The Johns Hopkins University Press.

Street, R. L.（1984）. Speech convergence and speech evaluation in fact-finding interviews. *Human Communication Research*, **11**, 139-169.

Takai, J. & Ota, H.（1994）. Assessing Japanese interpersonal communication competence. *Japanese Journal of Experimental Social Psychology*, **33**, 224-236.

Welkowitz, J., Cariffe, G., & Feldstein, S.（1976）. Conversational congruence as a criterion of socialization in children. *Child Development*, **47**, 269-272.

Welkowitz, J. & Kuc, M.（1973）. Interrelationships among warmth, genuiness, empathy and temporal speech patterns in interpersonal interaction. *Journal of Consulting and Clinical Psychology*, **41**, 472-473.

Won-Doornink, M. J.（1979）. On getting to know you: The association between the stage of a relationship and reciprocity of self-disclosure. *Journal of Experimental Social Psychology*, **15**, 229-241.

【6章の引用文献】

Aronson, E.（1980）. *The social animal*. 3rd ed. San Francisco: W. H. Freeman and Company.（古畑和孝（訳）（1984）．ザ・ソーシャル・アニマル　サイエンス社）

Batson, C. D.（2011）. *Altruism in humans*. New York, NY: Oxford University Press.（菊池章夫・二宮克美（訳）（2012）．利他性の人間学—実験社会心理学からの回答　新曜社）

Bell, P. A. & Baron, R. A（1977）. Aggression and ambient temperature: The facilitating and inhibiting effects of hot and cold environments, *Bulletin of Psychonomic Society*, **9**, 443-445

Berkowitz, L.（1983）. The experience of anger as a parallel process in the display of impulsive, "angry" aggresion. In R. G. Geen, & E. I. Donnerstein (Eds.) *Aggression: Theoreticaland empirical reviews, Vol. 1: Theoretical and methodological issues*. New York: Academic Press. pp.103-134.

Berkowitz, L. (1984). Some effects of thoughts on anti- and prosocial influences of media events: A cognitive neo-associa tion analysis. *Psychological Bulletin*, **95**, 410-427.

Berkowitz, L. & Geen, R. G. (1966). Film violence and the cue properties of available targets. *Journal of Personality and Social Psychology*, **3**, 525-530.

Buss, A. H. (1986). *Social behavior and personality*. Hillsdale, N. J.: Lawrence Erlbaum Associates(大渕憲一(監訳)(1991). 対人行動とパーソナリティ 北大路書房)

Coke, J. S., Batson, C. D., & McDavis, K. (1978). Empathic mediation of helping: A two-stage model. *Journal of Personality and Social Psychology*, **36**, 752-766.

Cunningham, M. R., Steinberg, J., & Grev, R. (1980). Wanting to and Having to Help: Separate Motivations for Positive Mood and Guilt-Induced Helping. *Journal of Personality and Social Psychology*, **38**, 181-192.

Feshbach, S. & Feshbach, N. D. (1986). Aggression and altruism: A personality perspective. In C. Zahn-Waxler, E. M. Cummings, & R. Iannotti (Eds.) *Altruism and aggression: Biological and social origins*. Cambridge, UK: Cambridge University Press. pp. 189-217.

Forest, D., Clark, M., Mills, J., & Isen, A. M. (1979). Helping as a function of feeling state and nature of the helping behavior. *Motivation and Emotion*, **3**, 161-169.

原田純治(1991). 援助行動と動機・性格との関連 実験社会心理学研究, **30**, 109-121.

Isen, A. M. (1987). Positive affect, cognitive processes, and social behavior. In L. Berkowitz (Ed.) *Advances in experimental social psychology*, Vol. 20, pp. 203-253. New York: Academic Press.

Isen, A. M. & Levin, P. F. (1972). The effect of feeling good on helping: Cookies and kindness. *Journal of Personality and Social Psychology*, **21**, 384-388.

Isen, A. M. & Simmonds, S. F. (1978). The effect of feeling good on a helping task that is incompatible with good mood. *Social Psychology*, (now *SociaL Psychology Quarterly*), **41**, 345-349.

Krebs, D. L. & Miller, D. T. (1985). Altruism and aggression. In Lindzey, G., & Aronson, E. (Eds.) *The handbook of social psychology*. 3rd ed. Vol.2. Random House. pp. 1-71.

Latané, B. & Darley, J. M. (1970). *The unresponsive bystander: Why doesn't he help ?* Ney York: Appleton-Century-Crofts. (竹村研一・杉崎和子(訳)(1977). 冷淡な傍観者—思いやりの社会心理学 ブレーン出版)

松井 豊(1989). 援助行動の意思決定過程に関する研究 状況対応モデルの提唱 東京都立大学博士論文(未公刊)

松井 豊(1991). 援助行動の意思決定における情報探索過程の分析 実験社会心理学研究, **30**, 91-100.

松井 豊・堀 洋道(1976). 援助に及ぼす状況要因の影響(1)日本社会心理学会第17回大会発表論文集, 173-175.

松崎　学・浜崎隆司(1990)．向社会的行動研究の動向—内的プロセルを中心にして　心理学研究，**61**，193-210．

Milgram, S. (1963). Behavioral study of obedience. *Journal of Abnormal and Social Psychology*, **67**, 371-378.

Mussen, P. & Eisenberg, N. (1977). *Roots of caring, sharing, and helping: The development of prosocial behavior in children*. San Fransisco, CA: Freeman. (菊池章夫(訳)(1980)．思いやりの発達心理　金子書房)

大渕憲一(1982)．欲求不満に対する原因情報と攻撃反応　実験社会心理学研究，**21**，175-179.

大渕憲一(1993)．人を傷つける心—攻撃性の社会心理学　サイエンス社

大渕憲一(1996)．攻撃性と対人葛藤　大渕憲一・堀毛一也(編)　パーソナリティと対人行動　誠信書房　pp.101-112.

大渕憲一(2011)．新版　人を傷つける心—攻撃性の社会心理学　サイエンス社

大渕憲一・小倉左知男(1984)．怒りの経験(1)：Averillの質問紙による成人と大学生の調査概況　犯罪心理学研究，**22**, 15-35.

Penner, L. A., Dovidio, J. F., Piliavin, J. A., & Schroeder, D. A. (2005). Prosocial behavior: Multilevel perspectives. *Annual Review of Psychology*, **56**, 365-392.

Penner, L. A., Fritzsche, B. A., Craiger, J. P., & Freifeld, T. R. (1995). Measuring the prosocial personality. In J. Butcher & C. D. Spielberger (Eds.) *Advances in personality assessment* Vol.10. Hillsdale: Erlbaum. pp.147-163.

Penner, L. A. & Orom, H. (2010). Enduring goodness: A Person X Situation perspective on prosocial behavior. In M. Mikuliner & P. R. Shaver, P. R. (Eds.) *Prosocial motives, emotions, and behavior: The better angels of our nature*. Washington, DC: American Psychological Association. pp.55-72.

Piliavin, J. A., Dovidio, J. F., Gaertner, S. L., & Clark, R. D., III (1981). *Emergency intervention*. New York: Academic Press.

Piliavin, J. A., Dovidio, J. F., Gaertner, & Clark Ⅲ, R. D. (1982). Responsive bystanders: the process of intervention. In V. J. Derlega & J. Grzelak (Eds.) *Cooperation and helping behavior*. New York Academic Press. pp.279-304.

Raine, A. (2008). Fromgenes to brain to antisocial behavior. *Current Directions in Psychological Science*, **17**, 323-328.

Raine, A. (2013). *Anatomy of violence:The biological roots of crime*. New York, NY: Pantheon. (高橋　洋(訳)(2015)．暴力の解剖学—神経犯罪学への招待　紀伊国屋書店)

Rushton, J. P. (1984). The altruistic personality: In E. Staub, D. Bar-tal., J. Karylowski, & R. Eykowaki, (Eds.) *Development and maintenance of prosocial behavior: International perspectives on positive morality*. New York, NY: Prenum Press, pp.271-290.

Smithson, M., Amato, P.R., & Pearce, P. (1983). *Dimensions of helping behavior*. Oxford, UK: Pergamon Press.

高木　修(1982)．順社会的行動のクラスターと行動特性　年報社会心理学，**23**，137-156.

竹村和久(1992)．援助行動と攻撃行動　大坊郁夫・安藤清志(編著)　社会の中の人

間理解　ナカニシヤ出版
竹村和久・高木　修(1985). 順社会的行動の意思決定過程の分析　社会心理学研究, **1**, 35-44.
竹村和久・高木　修(1987). 向社会的行動の動機と内的・外的統制志向性　教育心理学研究, **35**, 187-207.
竹村和久・高木　修(1988). 順社会的行動の意思決定モデルの検討　実験社会心理学研究, **27**, 171-180.
戸田正直(1992). 感情—人を動かしている適応プログラム(認知科学選書 24)　東京大学出版会
Trivers, R. (1971). The evolution of reciprocal altruism. *Quarterly Review of Biology*, **46**, 35-57.
Weiner, B. (I980). A cognitive (attribution) -emotion-actionmodel of motivated behavior: An analysis of judgements of help-giving. *Journal of Personality and Social Psychology*, **39**, 186-200.
Zahn-Waxler, C., Cummings, E. M., & Iannotti, R. (Eds.) *Altruism and aggression: Biological and social origins*. Cambridge, UK: Cambridge University Press.
Zillman, D. (1971). Excitation transfer in communication-mediated aggressive behavior. *Journal of Experimental Social Psychology*, **7**, 419-434
Zillman, D. (1983). Arousal and aggression. In R. G. Gem & E. Donnerstein (Eds.) *Aggression: Theoretical and empirical reviews* Vol.1. New York, NY: Academic Press. pp. 75-102.
Zimbardo, P. G. (1970). The human choice: Individuation, reason, and order versus deindividuation, impulse, and chaos. In W. J. Arnold & D. Levine, (Eds.) *1969 Nebraska Symposium on Motivation* Vol.27. pp.237-307. Lincoln, NE: University of Nebraska Press.

【7章の引用文献】

Allport, F. H. (1924). *Social psychology*. Boston: Houghton Mifflin.
Allport, G. W. (1935). Attitudes, In C. Murchison (Ed.) *Handbook of Social Psychology*. Worcester, MA: Clark University Press. pp.798-844.
Allport, G. W. (1954). The historical background of modern social psychology. In G. Lindzey (Ed.) *The handbook of social psychology*. Vol. 1 Cambridge, MA: Addison-Wesley. pp.3-56.
安藤清志・大坊郁夫・池田謙一(1995). 現代心理学入門 4　社会心理学　岩波書店
Asch, S. E. (1946). Forming impressions of personality. *Journal of Abnormal and Social Psychology*, **63**, 346-350.
Asch, S. E. (1955). Opinions and social pressure. *Scientific American*, **193**, 31-35.
Bem, D. J. (1965). An experimental analysis of self-persuasion. *Journal of Experimental Social Psychology*, **1**, 199-218.
Danziger, K. (1997). *Naming the mind: How psychology found its language*. London: Sage Publication. (河野哲也(監訳)(2005). 心を名づけること：心理学の社会的構成　勁草書房)
Deutsch, M. & Gerard, H. B. (1955). A study of normative and information social

influences upon individual judgement. *Journal of Abnormal and Social Psychology*, **51**, 629-636.

Eagley, A. H. & Chaiken, S. (1998). Attitude structure and function. In D. T, Gilbert, S. T. Fiske, & G. Lindzley (Eds.) *Handbook of Socail Psychology*. 4th ed. Vol.1. New York, NY: McGraw-Hill. pp.269-322.

Festinger, L. (1957). *A theory of cognitive dissonance*. Stanford, CA: Stanford University Press. (末永俊郎(監訳)(1965). 認知的不協和の理論—社会心理学序説 誠信書房)

Festinger, L. & Carlsmith, J. M. (1959) Cognitive consequences of forced compliance. *Journal of Abnormal and Social Psychology*, **58**, 203-210.

藤原武弘(2001). 社会的態度の理論・測定・応用 関西学院大学出版会

Greenwald, A. G., Nosek, B. A., & Banaji, M. R. (2003). Understanding and using the implicit association test: I. An improved scoring algorithm. *Journal of Personality and Social Psychology*, **85**, 197-216.

Harn-Jones, E. & Mills, J. (Eds.) (1999). *Cognitive dissonance: Progress on a pivotal theory in social psychology*. Washington, DC: American Psychological Association.

Heider, F. (1958). *The psychology of interpersonal relations*. New York, NY: Wiley. (大橋正夫(訳)(1978). 対人関係の心理学 誠信書房)

Hesketh, B., Pryor, R., Gleitzman, M., & Hesketh, T. (1988). Practical applications and psychometric evaluation of a computerised fuzzy graphic rating scale. In T.zetenyi (Ed.) *Fuzzy Sets in Psychology*. New York, NY: North Holland. pp.425-424.

Hovland, C. I. & Weiss, W. (1951). The influence of source credibility on communication effectiveness. *Public Opinion Quarterly*, **15**, 635-650.

井出野尚・竹村和久(2005). 潜在的連想テストによるリスク認知へのアプローチ 感性工学研究論文集, **5**(3), 149-154.

亀田達也・村田光二(2000). 複雑さに挑む社会心理学—適応エージェントとしての人間 有斐閣アルマ

LaPiere, R. T. (1934). Attitudes vs. actions. *Social Forces*, **13**, 230-237.

Latané, B. (1981). The psychology of social impact. *American Psychologist*, **36**, 343-356.

Latané, B. & Darley, J. M. (1970). *The unresponsive bystander: Why doesn't he help?* Appleton-Century-Crofts. (竹村研一・杉崎和子(訳)(1977). 冷淡な傍観者 思いやりの社会心理学 ブレーン出版)

Latané, B., Williams, K., & Harkins, S. (1979). Many hands make light the work: The causes and con-sequence of social loafing. *Journal of Personality and Social Psychology*, **37**, 822-832.

Likert, R. (1932). A technique for the measurement of attitudes. *Archives of Psychology*, No.140.

Matz, D. & Wood, W. (2005). Cognitive dissonance in groups: The consequences of disagreement. *Journal of Personality and Social Psychology*, **88**, 22-37.

McGuire, W. J. (1964). Inducing resistance persuasion. In L.Berkowitz (Ed.) *Advances in Experimental Social Psychology*. Vol.1. New York, NY: Academic Press. pp.

191-229.

McGuire, W. J. & Papgeorgis, D. (1961). The relative efficiency of various types of prior belief-defense in producing immunity against persuasion. *Journal of Abnormal and Social Psychology*, **62**, 327-337.

Milgram, S. (1974). *Obedience to Authority; An Experimental View*. New York, NY: Harper & Row. (岸田秀(訳)(1980)服従の心理—アイヒマン実験　河出書房新社)

Osgood, C. E., Suci, G. J., & Tannenbaum, P. H. (1957). *The measurement of meaning*. University of Illinois Press.

Petty, R. E. & Cacioppo, J. T. (1986). The elaboration likelihood model of persuasion. *Advances in Experimental Social Psychology*, **19**, 123-205.

Rosenberg, M. J. & Hovland, C. I. (1960). Cognitive, affective and behavioral components of attitude, In M. J. Rosenberg and C. I. Hovland (Eds.) *Attitude Organization and Change*. New Heaven, CT: Yale University Press. pp.1-14.

Sherif, M. (1936). *The Psychology of Social Norms*. New York, NY: Harper & Row.

Takemura, K. (2000). Vagueness in human judgment and decisionmaking: Analysis of fuzzy rating data. In Z. Q. Liu & S. Miyamoto (Eds.) *Soft computingfor human-centered machines*. Tokyo: Springer Verlag. pp.249-281.

竹村和久(1990). 態度概念の再検討　光華女子短期大学研究紀要, **28**, 119-132.

竹村和久(1992). ファジィ多属性態度モデルによる購買目的地選択の分析について—エリア・マーケティングのための消費者心理測定の提案　地域学研究, **22**, 119-132.

竹村和久(2004). 社会心理学はどんな可能性のある学問か　竹村和久(編)　社会心理学の新しいかたち, 誠信書房. pp.3-29.

Thurstone, L. L. (1928a). The measurement of opinion. *Journal of Abnormal and Social Psychology*, **22**, 415-430.

Thurstone, L. L. (1928b). Attitudes can be measured. *American Journal of Sociology*, **33**, 529-554.

Thomas, W. I. & Znaniecki, F. (1918-1920). *The Polish Peasant in Europe and America*. 5 vols. Chicago, IL: University of Chicago Press.

土田昭司(2002). 態度変容研究としての説得研究　深田博己(編)説得心理学ハンドブック—説得コミュニケーション研究の最前線　北大路書房. pp.45-90.

Zajonc, R. B. (1965). Social Facilitation. *Science*, **149**, 269-274.

Zajonc, R. B. (1968). Attitudinal effects of mere exposure. *Journal of Personality and Social Psychology*, 9, Monongraph supplement No. 2, Part 2, 1-29.

【8章の引用文献】

相川　充・高本真寛・杉森伸吉・古屋　真(2012). 個人のチームワーク能力を測定する尺度の開発と妥当性の検討　社会心理学研究, **27**, 139-150.

Amir, Y. (1969). Contact hypothesis in ethnic relations. *Psychological Bulletin*, **71**, 319-342.

Berkowitz, L. (1954). Group standards, cohesiveness, and productivity. *Human Relations*, **7**, 509-519.

Brewer, M. B. (1979). In-group bias in the minimal intergroup situation: A

cognitive-motivational analysis. *Psychological Bulletin*, **86**, 307-324.
Brewer, M. B. & Kramer, R. M. (1986). Choice behavior in social dilemmas: Effects of social identity, group size, and decision framing. *Journal of Personality and Social Psychology*, **50**, 543-549.
Cota, A. A., Evans, C. R., Dion, K .L., Kilik, L., & Longman, R. S. (1995). The structure of group cohesion. *Personality and Social Psychology Bulletin*, **21**, 572-580.
Eisenberger, N. I., Lieberman, M. D., & Williams, K. D. (2003). Does rejection hurt?: An fMRI study of social exclusion. *Science*, **302**, 290-292.
Ferguson, C. K. & Kelley, H. H. (1964). Significant factors in overevaluation of own-group's product. *Journal of Abnormal and Social Psychology*, **69**, 223-228.
Festinger, L., Schachter, S., & Back, K. (1950). *Social pressures in informal groups: A study of human factors in housing*. CA: Stanford University Press.
Forsyth, D. R. (2014). *Group Dynamics*. Belmont, CA: Wadsworth Cengage Learning.
古川久敬(2011). 組織心理学―組織を知り活躍する人のために― 培風館
本間道子(2011). 集団行動の心理学―ダイナミックな社会関係のなかで― サイエンス社
Howard, J. W. & Rothbart, M. (1980). Social categorization and memory for in-group and out-group behavior. *Journal of Personality and Social Psychology*, **38**, 301-310.
Janis, I. L. (1989). *Crucial decisions: Leadership in policymaking and crisis management*. New York, NY: The Free Press.
狩野素朗(1985). 個と集団の社会心理学 ナカニシヤ出版
Leavitt, H. J. (1951). Some effects of certain communication patterns on group performance. *Journal of Abnormal and Social Psychology*, **46**, 38-50.
Likert, R. (1961). *New patterns of management*. New York, NY: McGraw-Hill. (三隅二不二(訳)(1964). 経営の行動科学―新しいマネジメントの探求― ダイヤモンド社)
Marques, J. M., Yzerbyt, V. Y., & Leyens, J. (1988). The 'black sheep effect': Extremity of judgements towards ingroup members as a function of group identification. *European Journal of Social Psychology*, **18**, 10-16.
松原敏浩(1990). 企業組織におけるコミュニケーション 原岡一馬(編) 人間とコミュニケーション ナカニシヤ出版 pp.158-171.
三隅二不二(1984). リーダーシップ行動の科学(改訂版) 有斐閣
Morgan, B. B. Jr., Salas, E., & Glickman, A. S. (1993). An analysis of team evolution and maturation. *Journal of General Psychology*, **120**, 277-291.
Moscovici, S., Lage, E., & Naffrechoux, M. (1969). Influence of a consistent minority on the responses of a majority in a color perception task. *Sociometry*, **32**, 365-380.
Mullen, B. & Copper, C. (1994). The relation between group cohesiveness and performance: An integration. *Psychological Bulletin*, **115**, 210-227.
坂田桐子(2009). リーダーシップ 日本社会心理学会(編) 社会心理学事典 丸善 pp.344-345.
Salas, E., Dickinson, T. L., Converse, S. A., & Tannenbaum, S. I. (1992). Toward an understanding of team performance and training. In R. W. Swezey & E. Salas (Eds.)

Teams: Their training and performance. Norwood, NJ: Ablex Publishing Corporation. pp.3-29.

Schachter, S. (1951). Deviation, rejection, and communication. *Journal of Abnormal and Social Psychology*, **46**, 190-207.

Shaw, M. E. (1954). Some effects of unequal distribution of information upon group performance in various communication nets. *Journal of Abnormal and Social Psychology*, **49**, 547-553.

Sherif, M. (1935). A study of some social factors in perception. *Archives of Psychology*, **187**, 1-60.

Sherif, M., Harvey, O. J., White, B. J., Hood, W. R., & Sherif, C. W. (1961). *Intergroup conflict and cooperation: The robbers cave experiment*. Connecticut: Wesleyan University Press.

Tajfel, H. Billing, M. G., Bundy, R. P., & Flament, C. (1971). Social categorization and intergroup behaviour. *European Journal of Social Psychology*, **1**, 149-178.

Tajfel, H. & Turner, J. (1979). An integrative theory of intergroup conflict. In W. G. Austin, & S. Worchel (Eds.) *The social psychology of intergroup relations*. CA: Brooks/Cole, pp.33-47.

浦 光博(2009). 排斥と受容の行動科学—社会と心が作り出す孤立— サイエンス社

Williams, K. D., Forgas, J. P., von Hippel, W., & Zadro, L. (2005). The social outcast: An overview. In K. D. Williams, J. P. Forgas, & W. von Hippel (Eds.) *The social outcast: Ostracism, social exclusion, rejection, and bullying*. New York, NY: Psychology Press. pp.1-16.

山口裕幸(2008). チームワークの心理学—よりよい集団づくりをめざして— サイエンス社

山口裕幸(2009). チームワークと共有メンタルモデル 日本社会心理学会(編) 社会心理学事典 丸善 pp.346-347.

山口裕幸(2014). グループメンバーシップ 唐沢かおり(編) 新 社会心理学—心と社会をつなぐ知の統合— 北大路書房 pp.113-129.

【9章の引用文献】

Allais, M. (1953). Le comportement de l'homme rationnel devant le risque: critique des postulats et axiomes de l'école Américaine. *Econometrica*, **21**, 503-546.

Balliet, D. (2010). Communication and cooperation in social dilemmas: A meta-analytic review. *Journal of Conflict Resolution*, **54**(1), 39-57.

Beck, U. (1986). *Riskogesellschaft: Auf dem Weg in eine andere Moderene*. Suhrkamp Verlag. Frankfurt am Main, Gerrmany. (東廉・伊藤美登里(訳)(1998). 危険社会—新しい近代への道 法政大学出版局)

Beck, U. (2002). *Das Schweigen der Wörter: Über Terror and Krieg*. Suhrkamp Verlag. Frankfurt am Main, Gerrmany (島村賢一(訳)(2003). 世界リスク社会論—テロ，戦争，自然破壊 平凡社)

Dawes, R. M. (1980). Social dilemmas. *Annual Review of Psychology*, **31**, 169-193.

Dawes, R. M. & Thaler, R. H. (1988). Anomalies: Cooperation. *Journal of Economic*

Perspectives, **2**, 187-98.

Dixit, A. K. & Nalebuff, B. J.（1991）. *Thinking strategically: The competitive edge in business, politics and everyday life*. New York, NY: Norton.（菅野　隆・嶋津祐一（訳）（1991）．戦略的思考とは何か　TBS ブリタニカ）

Dunbar R.（1998）. The social brain hypothesis. *Evolutionary Anthropology*, **6**（5）, 178-190.

藤井　聡（2003）．社会的ジレンマの処方箋―都市・交通・環境問題のための心理学　ナカニシヤ出版

Herr, P. M., Kardes, F., & Kim. J.（1991）. Effects of word-mouth and product attribute information on persuasion: An accessibility-diagnocity perspective. *Journal of Consumer Research*, **17**, 454-462.

亀田達也・村田光二（2000）．複雑さに挑む社会心理学―適応エージェントとしての人間　有斐閣アルマ

Katz, E. & Lazarsfeld., P. F.（1955）. *Personal influence: The part played by people in the flow of mass communications*. Glencoe, IL: The Free Press.（竹内郁郎（訳）（1965）．パーソナル・インフルエンス　培風館）

吉川肇子（1999）．リスク・コミュニケーション　福村出版

吉川肇子・白戸　智・藤井　聡・竹村和久（2003）．技術的安全と社会的安心　社会技術論文集，**1**，1-8.

木下冨雄（2000）．概説リスク認知とリスクコミュニケーション．リスク研究学会（編）リスク学事典　TBS ブリタニカ　260-267.

木下冨雄（2016）．リスク・コミュニケーションの思想と技術―共考と信頼の技法　ナカニシヤ出版

Kreps, D. M. Milgrom, P., Roberts, J., & Wilson, R.（1982）. Rational cooperation in the finitely repeated prisoners' dilemma. *Journal of Economic Theory*, **27**（2）, 245-252.

Luce, R. D. & Raiffa, H.（1957）*Games and decisons: Introduction and critical survey*. New York, NY: Wiley.

中谷内一也（2003）．環境リスク心理学　ナカニシヤ出版

中谷内一也（2004）．ゼロリスク評価の心理学　ナカニシヤ出版

Nash, J. F.（1951）. Non-cooperative games. *Annals of Mathematics*, **54**, 286-295.

von Neumann, J. & A Morgenstern, O.（1947）. *Theory and games and economic behavior*. 2nd ed. Princeton, NJ: Princeton University Press.

日本広告業協会「広告の機能と役割小委員会」（2000）．読売 AD リポート OJO, 2000.9　読売新聞社，3-10.

Poundstone, W.（1993）. *Prisoner's dilemma: John von Neumann, game theory, and the puzzle of the bomb*. Oxford, UK: Oxford University Press.（松浦俊輔（監訳）囚人のジレンマ―フォン・ノイマンとゲームの理論　青土社）

Rogers, E. M.（1983）. *Diffusion of innovations*. 3rd ed. New York, NY: Macmillan（青池慎一・宇野善康　監訳（1990）．普及学　産能大学出版部）

Schelling, T. C.（1960）. *The stratey of conflict*. Cambridge: Harvard University Press.

Slovic, P.（2000）. *The Perception of risk*. London, UK:. Earthscan Publications.

杉本徹雄（1997）．対人・集団の要因と消費者行動　杉本徹雄（編著）消費者理解のた

めの心理学　福村出版，pp.223-237.

Sundaram, D. S. & Webster, C. (1999). The role of brand familiarity on the impact of word of mouth communication on brand evaluation. *Advances in Consumer Research*, **26**, 664-670.

竹村和久(2006). リスク社会における判断と意思決定　認知科学，**13**(1)，17-31.

竹村和久(2009). 行動意思決定論—経済行動の心理学　日本評論社

竹村和久・江口　敦(1995). 異なる通信メディアでの相談による共同意思決定の過程—テレビ電話，電話，対面状況の比較—　日本社会心理学会第36回大会発表論文集，280-283.

竹村和久・吉川肇子・藤井　聡(2004). 不確実性の分類とリスク評価—理論枠組の提案—　社会技術研究論文集，**2**, 12-20.

山岸俊男(1989). 社会的ジレンマの主要な理論的アプローチ　心理学評論，**32**, 262-294.

索　引

人名索引

事項索引

◆か　行

◆さ　行

◆た　行

著者略歴

堀毛一也（ほりけかずや）

(1, 2, 3 章, 4-1(2)(3), 4-2(1)(3)担当)

1980 年　東北大学大学院文学研究科博士後期課程
　　　　（心理学専攻）中退

現　在　東洋大学社会学部教授

主な著書

パーソナリティ心理学（共著，有斐閣アルマ）

ポジティブ心理学の発展（編著，ぎょうせい）

竹村和久（たけむらかずひさ）

(6, 7, 9 章担当)

1988 年　同志社大学大学院文学研究科心理学専攻
　　　　博士課程単位取得退学

現　在　早稲田大学文学学術院教授
　　　　博士（学術），博士（医学）

主な著書

Behavioral decision theory（単著，Springer）

経済心理学—行動経済学の心理的基礎（単著，培風館）

小川一美（おがわかずみ）

(4-1(1), 4-2(2), 4-3, 5, 8 章担当)

2002 年　名古屋大学大学院教育発達科学研究科
　　　　博士後期課程単位取得満期退学

現　在　愛知淑徳大学心理学部教授　博士（心理学）

主な著書

対人関係の社会心理学（編著，ナカニシヤ出版）

スタートアップ「心理学」—高校生と専門的に学ぶ前のあなたへ（共著，ナカニシヤ出版）

2017年4月7日　　初版発行

心理学の世界　基礎編 7

社会心理学

人と社会との相互作用の探究

著者　堀毛一也
　　　竹村和久
　　　小川一美
発行者　山本　格

発行所　株式会社　培風館

東京都千代田区九段南 4-3-12・郵便番号 102-8260
電話(03)3262-5256(代表)・振替 00140-7-44725

東港出版印刷・牧 製本

PRINTED IN JAPAN

ISBN 978-4-563-05873-9　C3311